BASTEI
LÜBBE

Erma Bombeck

Ich schenk' mir täglich rote Rosen

Aus dem Amerikanischen
übertragen von Isabella Nadolny

BASTEI
LÜBBE

BASTEI-LÜBBE-TASCHENBUCH
Band 10 494

Titel der Originalausgabe: AUNT ERMA'S COPE BOOK
© 1979 Erma Bombeck
© 1982 für die deutsche Ausgabe:
Gustav Lübbe Verlag GmbH, Bergisch Gladbach
Printed in Western Germany 1985
Einbandgestaltung: Roberto Patelli, Köln
Gesamtherstellung: Ebner Ulm
ISBN 3-404-10494-3

Für Betsy Bombeck, Andy Bombeck
und Matt Bombeck

Habe ich bei Eurer Erziehung wirklich
so viel vermurkst?

Inhalt

1 Gefalle ich mir eigentlich?

Neulich, auf dem Weg zu Jills Cocktailparty, war ich in Hochstimmung. Ich war so fröhlich, als wäre es mir gelungen, Himbeerwackelpudding in einem Stück aus der Form zu stürzen, oder als hätte ich auf der Damentoilette gerade noch die offene Kabinentür erwischt und nicht bezahlen brauchen. Das erste Mal seit langer Zeit war ich mit meinem Leben ausgesöhnt. Ein schönes Gefühl. Es quälte mich nicht mehr, wie ich aussah. Ich konnte an einem Spiegel vorbeigehen, ohne daß mir beim Blick auf meine Halsfalten einfiel, es sollte mal wieder Suppenhuhn geben. Ich hatte meine häuslichen Probleme im Griff. Ungemachte Betten zum Beispiel riefen bei mir keine Atemnot mehr hervor.

Die Verliebtheit meines Mannes in eine ganz bestimmte Filmschauspielerin, deren Namen ich hier nicht nennen möchte, hatte sich abgekühlt, und ich konnte feststellen, daß er den gleichen verzückten Gesichtsausdruck zur Schau trug, wenn ihm die Suppe heiß serviert wurde.

Alle drei Kinder sprachen mit uns. Unsere vierundzwanzigjährige Tochter zeigte sogar unverhohlenes Interesse daran, wie man ein Bratrohr anstellt.

Allmählich wurde ich sicherer. Ich zog hinter dem Steuerrad nicht mehr den Bauch ein. Und ich lehnte es ab, den Qualm meiner rauchenden Freundinnen zu inhalieren.

Auch der Streß der Kindererziehung ließ nach. Ich hatte kein schlechtes Gewissen mehr wegen jedes Schnupfens, den meine Gören bekamen, wegen ihrer fehlerhaften Zahnstellung oder weil ich meine Tochter nicht als Handarbeitsgenie zur Welt gebracht hatte.

Ich hörte auf, heimlich Schokolade im Kleiderschrank zu essen, so zu tun, als bedauerte ich Frauen, die ihre fülligen Busen kaum bändigen können. Auf meine linkische Weise nahm ich am Leben wieder teil, ohne vorher eine Briefkastentante befragen zu müssen.

Mein Mann mochte keine Parties. Er nannte es eine Krampfaderolympiade, wenn Leute die ganze Nacht herumstehen, Angelköder in Form von kleinen runden Crackern essen und sich über die Totaloperationen ihrer Hunde unterhalten. Hätte er über unser Gesellschaftsleben zu bestimmen, bestünde der Höhepunkt meiner Arbeitswoche darin, daß ich in der Waschanlage zuschauen darf, wie das Wachs auf den Wagen aufgetragen wird.

Beim Betreten des Raumes schaute ich mich vergnügt um und entdeckte meine alte Freundin Phyllis. Ich hatte sie eine halbe Ewigkeit nicht mehr gesehen.

»Phyllis!« rief ich. »Menschenskind, endlich trifft man sich mal wieder! Gehst du immer noch dienstags zum Kegeln?«

Phyllis setzte ihr Glas ab ohne zu lächeln. »Kegeln? Das war nur ein Ventil für meine Aggressionen. Es hat mich davon abgehalten, mich unmittelbar meinen realen Problemen zu stellen.«

»Na, hör mal«, lachte ich, »alle neune, die du immer erzielt hast, waren doch wohl nicht schlecht, oder?«

»Schon, aber weißt du noch, welche Angstzustände ich immer bekam, wenn ich den Staubsaugerbeutel ausleerte? Der eigentliche Grund dafür war, daß ich mich in einer Krise befand, mit der ich nicht fertig wurde. Bei Zwillingsgeborenen sehr naheliegend, nicht wahr? Da habe ich angefangen, Selbsthilfebücher zu lesen, um meine Bewußtseinsebene zu heben. Jetzt lese ich eben Candy Summers: STICKEN UND SINNLICHKEIT! Von ihr ist auch ESSENSRESTE UND EROTIK und TRIEBLEBEN UND TEPPICHKLOPFEN, falls du die kennst.«

»STICKEN UND SINNLICHKEIT«? fragte ich und kippte hastig den Inhalt meines Glases herunter.

»Du kannst dich darauf verlassen«, flüsterte sie mir zu. »Du machst nie im Leben mehr einen französischen Gobelinstich. Übrigens: Du gehörst doch bestimmt zum Lesering Lebensbewältigung, oder?« Ich schüttelte den Kopf.

»Da bekommt man einmal im Monat ein Buch über Selbstverwirklichung. DIE ANGST VORM LANDEN, von Erica Alt hast du selbstverständlich gelesen und das neueste Buch von Dr. Dryer: ›HOFFENTLICH IST DIE SEXUELLE REVOLUTION NICHT SCHON VORBEI, WENN ICH EINBERUFEN WERDE‹, nicht wahr?«

»Phyllis«, sagte ich, »was ist bloß aus dir geworden? Früher warst du so himmlisch oberflächlich.«

Diese Bemerkung überhörte sie. »Weil wir gerade bei dem Thema sind: Wieso hast du einen Komplex gegen Begrüßungsküsse?«

»Ich habe überhaupt keinen Komplex.«

»O doch, hast du. Wie du jetzt eben auf mich zukamst, hast du mir die Hand hingestreckt. Du hast Hemmungen.«

»Ich habe keine Hemmungen. Ich wollte niemand küssen, weil ich Roquefort gegessen habe.«

»Wann hast du Erma das letzte Mal gesagt, was du . . .«

Ich sah mich suchend um. »Welcher Erma?«

»Dir, Erma, dir selber.«

»Du weißt, ich spreche nicht gern in meiner Gegenwart mit mir selber. Das ist mir peinlich!«

»Ich habe ja gewußt, daß du deine wahren Gefühle hinter platten Scherzen verstecken würdest. Das sieht dir wieder mal ähnlich. Ein ernsthaftes Thema leichtfertig abtun. Ich verstehe offen gestanden nicht, wie du dasitzen und untätig zuschauen kannst, wie die übrige Welt ihr Inneres erforscht und dabei feststellt, zu welchen Höhen sich der Mensch aufschwingen, aber auch in welch tiefe Verworfenheit er versinken kann.«

»Oh, das war schön. Wo hast du das gelesen?«

»In einer Zeitschrift an der Kasse im Supermarkt. Weißt du, was dein Problem ist?« fragte sie und lehnte sich vertraulich näher. »Sex! Es wird Zeit, daß du dir über deine Gefühle klar wirst. Dich selbst kennenlernst. Die achtziger Jahre haben begonnen, mein Schatz, in denen Sex alles, all unser Tun, beherrscht. Du und dein Mann, ihr habt euch vermutlich ganz einfach satt. Das geht vielen Paaren so. Man hält sich eben nach einer Weile gegenseitig für einen Gebrauchsgegenstand.«

»Also, Phyllis, ich kann gar nicht fassen, daß du das bist, mit der ich rede. Früher hast du dich geschämt, ein Wort wie ›schwanger‹ auszusprechen. Du hast jedem gesagt, du hättest ›was im Rohr‹. Deine Kinder sind in dem Glauben aufgewachsen, man brauche neun Monate, um einen Kuchen zu backen.«

»Tja, das ist jetzt alles anders«, sagte Phyllis. »Jetzt weiß ich, daß Sex das ist, woran man in der Ehe arbeiten muß. Was du nötig hast, ist Clarabelle Sweet.«

»Du meinst, die DIE UNVOLLKOMMENE FRAU geschrieben hat? Von der hab' ich, glaube ich, mal gehört.«

»Gehört ist gut«, kreischte Phyllis. »Ich kenne kein

Buch, das von den Frauen derart begeistert aufgenommen worden ist, seit ›SEX MACHT DICK‹. Das wirst du doch kennen? In dem es heißt, daß der Beischlaf weniger Kalorien verbraucht als ein Frisbee-Wurf? Paß auf: ich leih' dir mein Exemplar, wenn du versprichst, es mir wiederzugeben.«

»Ich brauche keine Hilfestellung durch DIE UNVOLLKOMMENE FRAU.«

»Wann bist du zum letzten Mal mit deinem Mann in die Badewanne gestiegen?«

»Als wir den Hund gebadet haben.«

»Teilst du die sportlichen Interessen deines Mannes? Schaffst du Voraussetzungen für eine romantische Stimmung?«

Kein Zweifel, Phyllis war lütütü. Ich schlängelte mich davon und sah durch den Raum zu dem Vater meiner Kinder hinüber. Für einen Mann im Metall-Zeitalter (Silberhaar und Goldzähne) sah er noch prima aus. Ich beobachtete, wie eine Wasserstoffblondine zu ihm trat und so lebhaft auf ihn einredete, daß ich glaubte, ihr Gesicht würde auseinanderreißen. Als ich mich umdrehte, stellte ich fest, daß Phyllis mir nachschaute. Sie lächelte und rief mir zu: »Glaub mir, DIE UNVOLLKOMMENE FRAU wird dein ganzes Leben umkrempeln.«

Die
unvollkommene
Frau

 Clarabelle Sweet war andauernd im Fernsehen aufgetreten, wo sie Reklame für ihr Buch, DIE UNVOLLKOMMENE FRAU, machte. Clarabelle hatte langes schwarzes Haar und sagte Sachen wie: »Wenn ein Mann im eigenen Eisschrank Schlagsahne findet, rennt er nicht herum und sucht sich seine zwei Prozent Butterfett anderswo.«

Ich war überzeugt, daß ein Diwanpüppchen in andalusischer Tracht daheim zwischen Seidenkissen auf ihrem Bett saß. Zu diesem Eindruck kam ich, als ich ihren Partner-Quiz gelesen hatte.

Anfangs machte es mich ein bißchen beklommen, daß ich bei einem solchen Quiz durchrasseln würde. Und nach dreißigjähriger Ehe und drei Kindern zu erfahren, daß mein Mann und ich nicht zusammenpaßten, war mir sehr unangenehm. Aber lesen Sie selbst.

Sie und Ihr Mann sind zum ersten Mal seit der Hochzeit allein in einer Blockhütte. Er knabbert an Ihrem Ohr. Was tun Sie?
a) Sie knabbern Ihrerseits an seinem Ohr

oder

b) teilen ihm mit, daß kein Brennholz da ist

Ihr Mann kommt mitten am Nachmittag unerwartet nach Hause. Schlüpfen Sie in ein gewagtes Kleidungsstück und machen ihm ein Angebot, dem er nicht widerstehen kann,

oder

lassen Sie ihn stehen, nehmen seinen Wagen und fahren zu einer Vorführung von Küchenmaschinen?

Ihr Mann lädt Sie ein, ihn zu einem Kongreß zu begleiten, bei dem Sie nur abends zusammen sind. Bestellen Sie sich einen Babysitter und fahren Sie mit,

oder

benutzen Sie die Gelegenheit, daheimzubleiben und das Schlafzimmer zu streichen?

Überprüfen Sie den Führerschein Ihres Mannes. Was hat er dort unter SEX eingetragen?
a) männlich
b) selten

Wenn Ihr Mann nach einem langen, anstrengenden Tag erschöpft und ausgepumpt nach Hause kommt,
a) massieren Sie ihm die Füße mit Nußöl

oder

b) sagen Sie ihm, ihm fehle nichts außer einer sportlichen Betätigung?

Wenn Sie selbst einen schlimmen Tag hinter sich haben und das Bedürfnis nach Zärtlichkeit und Verständnis empfinden,
a) nimmt Ihr Mann Sie in die Arme und sagt Ihnen, daß er Sie liebt

oder

b) liest er die Zeitung und krault Sie zerstreut hinterm Ohr, weil er Sie für den Hund hält?

Ich brauchte die Punkte gar nicht erst zusammenzuzählen. Das Ergebnis lag klar auf der Hand. Ich war die Frau, die zwar am Altar JA gesagt hatte, aber von dem Tage an, an dem sie über eigene Wagenschlüssel verfügte, zu oft NEIN.
Ich verwöhnte meinen Mann nicht, ich befriedigte seine Bedürfnisse nicht. Vielleicht hatte Phyllis doch recht. Vielleicht hatten wir uns gerade zu einer Zeit, in der wir miteinander gut eingefahren waren, miteinander festgefahren?
Wenn ich es mir recht überlegte: Das letzte Mal hatte er im Kino die Arme um mich gelegt, als ich das kleine Plastikauto aus der Crackerpackung verschluckt hatte.

Ich wäre mir idiotisch vorgekommen, wenn ich überall hinter ihm hergezockelt wäre. Wir sind keine besonders überschwenglichen Menschen. Sind es nie gewesen. Wenn er nun aber eines Tages nach 2%igem Butterfett gierte? Wenn Clarabelles Mann tagtäglich aus dem Büro zu Hause anrief, nur um am Telefon anderthalb Minuten lang schwer zu atmen, war es vielleicht doch der Mühe wert?

Am nächsten Morgen rief mein Mann aus dem Badezimmer: »Was soll das denn?«

Ich hatte mit Lippenstift auf den Spiegel geschrieben: 65 MILLIONEN FRAUEN BEGEHREN MEINEN MANN.

»Das ist nur, damit ich immer daran denke, welches Glück ich gehabt habe, dich zu ergattern, Liebling.«

Er musterte den Spiegel und sagte: »Wer war denn die Konkurrenz. Namen bitte.«

»Du brauchst nicht gleich ironisch zu werden. Clarabelle Sweet sagt, wenn Frauen ihre Männer besser behandelten, würden sie nicht fremd gehen.«

»Wer bitte ist diese Clarabelle Sweet und mit wem bitte gehe ich fremd?«

»Clarabelle Sweet wird unsere Ehe retten. Hier ist dein Rasierzeug, dein Frottiertuch, deine Seife und dein Shampoo.«

»Und wo ist meine Plastikente?« fragte er gereizt.

»Dein Kamm, dein Deodorant, ein sauberes Hemd und deine Hose. Warte, ich klapp' dir den Deckel auf.«

»Mach bloß, daß du aus dem Bad kommst!« preßte er durch die zusammengebissenen Zähne.

Wenn ich es mir nachträglich überlege: so wenig Anerkennung für dienstbereite Unterwürfigkeit ist mir noch nie im Leben begegnet.

Als ich versuchte, ihm die Cornflakes mit dem Löffel einzufüttern, verweigerte er das Essen.

Als ich ihm Zahnpasta auf die Zahnbürste auftrug, verließ er unter Protest das Bad.

Als ich ihm ein Streichholz unterm Kinn anzündete, pustete er es aus und knurrte: »Das Rauchen habe ich aufgegeben, falls du dich noch erinnerst.«

Und als ich, seinen Aktenkoffer in der Hand, in der Garageneinfahrt stand, sagte er: »*Das* Parfum kannst du weglassen!«

»Ich ruf' dich dann im Büro an«, raunte ich mit sinnlich-rauher Stimme. »Sieh zu, daß du bald heimkommst.« Als er weg war, nahm ich das Buch DIE UNVOLLKOMMENE FRAU noch einmal zur Hand und vergewisserte mich: ja, genau, Seite 110 stand: Bei Befragung von 10000 Männern äußerten fast die Hälfte, daß sie ihren Frauen untreu waren und daß sie körperliche Zärtlichkeitsbeweise wünschten oder brauchten.

Die Reihenfolge der von ihnen an der Partnerin am meisten geschätzten Eigenschaften sah so aus:

1. Berücksichtigung der männlichen Bedürfnisse
2. Aufrichtigkeit
3. Zuneigung

4. Intelligenz
5. Selbstvertrauen
6. Sex
7. Sinn für Humor

Es las sich eigentlich mehr wie ein Pfadfinderhandbuch. Gleich nach dem Mittagessen ging ich ans Telefon und rief bei meinen Mann im Büro an. Wie mir schien, mußte ich ewig warten. Schließlich kam seine Sekretärin an den Apparat und sagte, sie würde mich durchstellen.

»Hallo«, sagte ich und versuchte, meiner Stimme etwas Sinnlich-Heiseres zu geben. »Kannst du heute nicht früher nach Hause kommen?«

»Was'n los?« fragte er. »Mußt du zum Zahnarzt?«

»Wenn du früher heimkommst, kannst du alles von mir haben.«

»Bleib mal am Apparat, ich hab' ein Gespräch auf der anderen Leitung ...« Dann kam das Besetztzeichen.

Ich hängte ein und kehrte zu Clarabelles Buch zurück. »Reißen Sie Ihren Mann ruckartig aus der gewohnten Lethargie, indem Sie ihm schon in der Tür in gewagter Kostümierung entgegentreten – als Playboy-Bunny, mit tiefem Dekolleté, langen Ohren oder als orientalische Sklavin ...«

Kostümierung? Meinte die das ernst? Sogar an Karneval zog ich meinen Kindern nur braune Einkaufstüten über die Köpfe, schnitt Öffnungen für die Augen hinein und trug ihnen auf, jedem Interessierten zu erzählen, ihre Mutter läge frisch operiert im Krankenhaus. Für Kostümierungen hatte ich kein Talent.

Ich durchsuchte sämtliche Schränke. Das einzige, was ich fand, waren Fußballerhosen, ein Fußballerhemd und ein Helm. Darin fühlte ich mich zwar so aufreizend wie eine Braut mit einem Mund voll von Novocain, aber wenn man seine Ehe retten will, darf man vor nichts zurückschrecken.

Als ich den Wagen vorfahren hörte, riß ich die Haustür auf und rief schallend: »Bis jetzt kein Tor!«

Der Mechaniker, der die Waschmaschine reparieren kam, sagte ein paar Minuten lang gar nichts. Er konnte mir nicht einmal in die Augen sehen, starrte auf den Boden und murmelte: »Auf dem Auftragszettel hier heißt es, daß Ihre Trockenschleuder nicht aufheizt.«

Ich räusperte mich. »Stimmt. Kommen Sie herein. Die Trockenschleuder steht neben der Waschmaschine hinter der Klapptür.« Keiner von uns sprach, das einzige Geräusch war das Klirren meiner Schuhnägel auf dem gefliesten Boden. Er arbeitete schweigend, und ich verschwand am anderen Ende des Hauses.

Als ich ihm seinen Scheck gab, nahm er ihn, schüttelte den Kopf und meinte: »Na, hoffentlich gewinnt Ihre Mannschaft, meine Dame.«

Ich zog den Fußballdreß aus und ein Kleid an. Es nützte nichts, sich etwas vorzumachen. Für die Rolle der Superfrau war ich noch nicht reif, das wußte ich jetzt.

Nicht einmal die nötige Atmosphäre verstand ich zu schaffen. Wir aßen unser Dinner zwischen ›Erkennen Sie die Melodie?‹ und ›Familienkrach‹. Die Kinder rasten ein und aus wie durch eine Drehtür. Die einzige Methode, sie dazu zu bringen, ihre Stereo-Anlage leiser zu stellen war die Bemerkung, man verstünde den Text. Dann waren Kleider zusammenzulegen, Einkäufe zu besprechen, Entscheidungen zu treffen, und zu alledem kam natürlich das elektronische Einschlafmittel – die Sportschau. So richtig klar, in was für festgefahrenen Gewohnheiten wir uns befanden, wurde mir, als ich meinem Mann den Nacken einfühlsam massierte und er sagte: »Das kannst du dir sparen – meine Brieftasche liegt auf der Kommode.«

Ich machte mich wieder ans Zusammenlegen von Kleidungsstücken, da schrillte plötzlich der Rauchalarm in unserem Schlafzimmer.

»Wieso hängt dein Nachthemd über dem Lampenschirm?« fragte mein Mann.

»Ich wollte eine gewisse Atmosphäre schaffen.«

»Wofür? Für einen Katastrophenfilm?«

»Es sollte dem Zimmer etwas Intimes, Erotisches geben.«

»Mach das Fenster auf. Wenn es hier drin noch erotischer wird, fall' ich um.«

Es dauerte ungefähr eine Stunde, ehe der Qualm sich verzogen hatte und wir zu Bett gehen konnten.

»Hast du mich heute angerufen, oder hab' ich das geträumt?«

»Doch, ich hab' angerufen.«

»Was wolltest du denn?«

»Dich bitten, früher heimzukommen, dann könntest du alles von mir haben.«

»Du hättest eine Nachricht hinterlassen sollen«, sagte er und kroch gähnend ins Bett.

Ich knipste das Licht im Badezimmer an. Auf dem Spiegel stand noch immer: 65 MILLIONEN FRAUEN BEGEHREN MEINEN MANN. Ich nahm den Deodorantstift und schrieb darunter: WARUM BLOSS?

Es war einfach so: Wir konnten nicht werden, was wir nie gewesen waren. Wir waren zu alt, um uns zu ändern. Außerdem durchliefen wir nach Ansicht der Experten soeben die beste Phase unseres Lebens. Die Kinder waren erwachsen, und ich brauchte mich nicht mehr um verlorene Teddybären, Laufställchen und verknotete Schuhbänder zu kümmern. Auf dem Haus lastete nur eine 9%ige Hypothek von vor der Inflation. Außerdem hatte ich Mayva.

Mayva war meine beste Freundin, die nie Diät hielt, wenn ich zu dick war, mir nie die Wahrheit sagte, auch wenn ich sie darum bat und wenn mir mein Mann einen Gemüsehobel zum Geburtstag schenkte, nie eine blöde Bemerkung machte wie: »Wenigstens trinkt er nicht oder rennt jeder Schürze nach wie andere Männer.«

Als Mayva Clarabelle Sweets Buch auf dem Dielentisch liegen sah, wäre sie beinahe hintenübergekippt. »*Du* liest DIE UNVOLLKOMMENE FRAU? Doch nicht im Ernst? Du kannst doch dein Leben nicht einfach umkrempeln. Übrigens weiß ich, was mit euch los ist. Wie so viele Ehepaare haltet ihr euch krampfhaft an die althergebrachten Vorstellungen von der Ehe, die gar nicht mehr existieren. Einer den anderen bedienen, das macht doch heute kein Mensch mehr. Jetzt gilt: gleiches Recht für beide. Ihr müßt ein Selbstwertgefühl entwickeln. Weißt du überhaupt, wovon ich rede?«

»Ach bitte, nicht noch mehr Bücher, Mayva!«

»Hör doch zu. Pam und Richard McMeal haben eins geschrieben mit dem Titel IST FRISCHE LUFT IN IHRER EHE? Das trifft's genau. Und jetzt beantworte mir mal eine Frage: Wann haben du und Bill das letzte Mal getrennt Urlaub gemacht?«

»Als wir die Kinder bei Mutter lassen konnten!«

»Dann wäre es jetzt Zeit, eine offene, unverhemmte Beziehung miteinander einzugehen. Keiner darf mehr dominieren und keiner sich unterordnen. Alles wird geteilt. Ihr laßt die Jahre hinter euch, in denen ihr die Sklaven euerer Kinder wart, und entwickelt einen Sinn für das Weltgeschehen. Und Gott steh' dir bei, wenn du eines Morgens aufwachst und merkst, daß dein Mann dir entwachsen ist.«

Ich sagte eine Minute lang gar nichts. Dann fragte ich: »Wie kommst du gerade darauf, Mayva?«

»Unwichtig«, sagte sie.

»Nein. Wichtig! Du weißt etwas, was du mir nicht sagst. Was ist es?«

»Als wir uns neulich abends unterhielten und Bill den Dessousartikelmarkt Amerikas erwähnte, hast du gesagt: Etwas Unfeineres als die Werbung für weibliche Hygieneartikel gibt es gar nicht.«

Ich erstarrte: »Kennst du womöglich ein noch unfeineres Produkt?«

»Lies erst mal das Buch der McMeals«, sagte sie. »Ich bring' es dir morgen vorbei. Glaub mir, es wird deinem Leben eine neue Richtung geben.«

Eine Frau, die 26 Packungen Zitronenpudding im Speiseschrank hat, darf sich Vorschlägen für Neuerungen nicht verschließen.

 Ist frische Luft
in Ihrer Ehe?

 Mein Sohn, genannt WEISSER HAI II, hatte eine Gewohnheit, die mich die Wand hoch trieb. Er riß die Türen vom Kühlschrank auf und stand davor, bis die Härchen in seiner Nase zusammenfroren. Nach der Inspektion von Eßwaren verschiedenster Form und Konsistenz im Wert von circa 200 Dollar pflegte er laut zu verkünden: »Es ist nichts zu essen da.«

Früher reagierte ich auf diese Feststellung, als habe man mir den klassischen Fehdehandschuh hingeworfen oder einen Angriff auf meine Tugend unternommen. Jetzt enthielt sie für mich nichts Provozierendes mehr. Ich blieb am Tisch sitzen und las weiter in meinem Buch. »Liest du schon wieder ein Ehehandbuch?« fragte er.

»Was ist daran verkehrt?«

»Nichts«, sagte er und fügte hinzu: »Ich wundere mich nur über eins: Wieso haben Dad und du nie was miteinander gehabt, ehe ihr zum Traualtar gerannt seid?«

»Du bist wohl verrückt?« sagte ich. »Wir haben uns geheiratet, weil wir uns zu wenig kannten, um frei miteinander zu leben.«

Das war eine absurde Bemerkung, wir wußten es beide. In Wahrheit waren sein Vater und ich in dieser Welt »freier Partnerschaften«, »begrenzter Wohngemeinschaften« und »eheähnlicher Verhältnisse« Relikte vergangener Zeiten. Wir hatten den alten Ehevertrag nie in Zahlung gegeben, nie die getroffene Wahl rückgängig gemacht, nie Alternativmöglichkeiten erwogen. In einer Welt, in der sich junge Leute in der Schlange vor der Kinokasse kennenlernen, sich in der Pause verloben und ihre Beziehung zwischen dem Bestellen und dem Verzehr ein und derselben Pizza wieder lösen, mußten wir reichlich drollig wirken.

Ich schlug das Buch der McMeals zu. Es ängstigte mich viel mehr als DER ZUKUNFTSSCHOCK! Es hieß da, daß eine von drei Ehen mit Scheidung endet und 75% aller, die weiterbestehen, fürchterliche Probleme hätten. Und was die Autoren sonst noch schrieben, klang, als sei die Ehe ungefähr so aufregend wie eine Joghurt-Orgie.

Nach dreißig Ehejahren fühlte ich mich wie ein Bruchband: verläßlich, haltbar und hundertprozentig von der Krankenkasse absetzbar.

Waren Eheleute eine aussterbende Gattung? Würde man später von den längstvergangenen Zeiten reden, als Männer und Frauen noch zu je zwei und zwei, unauflöslich aneinandergekettet, die Welt durchstreiften? War es vorstellbar, daß ein zwangloses Miteinander-Wohnen einmal die alleinseligmachende Lebensform sein und die feine Gesellschaft die Ehe ablehnen würde?

Im Geist sah ich bereits meinen Sohn von der Schule heimkommen: das Hemd zerrissen, mit blutenden Schrammen und in seinem Zimmer verschwinden, um keine Auskünfte geben zu müssen.

In die Enge getrieben, würde er dann zugeben, daß er in der Pause gerauft hatte.

»Ja, warum denn?« würde ich fragen.

»Weil der Richard gesagt hat . . . weil er behauptet hat . . . also, er hat gesagt, Dad und du, ihr wärt VERHEIRATET!«

»Und was hast du darauf gesagt?«

»Ich hab' gesagt, daß er eine Flasche ist. Da hat er gesagt, die ganze Schule wüßte es, und wenn ihr es nicht wärt, hättest du doch einen anderen Nachnamen. Stimmt es denn?«

Und wenn ich dann nickte, würde er zornig brüllen: »Warum kannst du nicht mit Dad bloß so zusammenleben wie alle anderen Eltern?«

Und dann würde ich ihm erklären: »Entschuldige, aber dein Vater und ich hatten nicht die Absicht, dich in Verlegenheit zu bringen. Glaubst du denn, es macht uns Spaß, uns heimlich mit gemeinsamem Gepäck in die Hotels zu schleichen? Und den Ehering an einem Band um den Hals zu tragen? Und uns in Gegenwart von Freunden gegenseitig zu necken, damit sie glauben, wir seien nicht verheiratet? Ich bin froh, daß das Versteckspiel zu Ende ist. Ich bin es leid, in getrennten Wagen zur Gruppentherapie für Ehepaare zu fahren!«

Und auf sein Drängen erklärte ich ihm, warum wir es getan hatten. Wir hatten die Ehe ausprobieren wollen, um herauszukriegen, ob dieser Zustand uns nervte oder nicht, und wenn es nicht klappte, still und leise zur Scheidung zu schreiten, um niemanden zu verletzen. Plötzlich fing ich an zu frieren. Der Junge stand schon wieder vor der offenen Doppeltür des Kühlschranks mit Gefrierabteil.

»Was ist denn in der gelben Schachtel?« fragte er und riß den Deckel mit den Zähnen auf.

Zu spät! Er hatte den Film schon im Mund.

Je mehr ich darüber nachdachte: Auch unsere Ehe war nicht im Himmel geschlossen worden. Wir hatten durchaus unsere Meinungsverschiedenheiten. Ein bißchen frische Luft konnte da nichts schaden. Die beiden McMeals rieten Paaren, einander in der Ehe mehr Raum zu lassen. Raum zum Atmen, Raum zur Selbstverwirklichung. Sie forderten, Eheleute sollten voneinander unabhängiger werden.

Weil beispielsweise Football mir zum Hals heraushing, nahm ich das freudig zur Kenntnis. Jahrelang war ich einmal die Woche ins Stadion gepilgert und hatte mich anderthalb Stunden lang dort einer Art Narkose ausgesetzt.

Die Männer werden von Football *high* und erleben emotionale Höhepunkte, das ist bekannt. Ich habe schon bedeutendere emotionelle Höhepunkte erlebt, wenn ich mir ein Stück Apfelbutzen aus den Zähnen stochere.

Ich langweilte mich so tödlich beim Football, daß ich mir eigene Spielchen ausdachte.

Mit Peggy Ronstadt spielte ich eine ganze Football-saison lang *Mode-Alphabet*. Wir mußten abwechselnd modische Trends nennen, nach denen Frauen auf den Tribünen gekleidet waren, und vergaßen dabei weder die *Pfeillinie* noch das *Trapezkleid*. Die erste, der kein Name für einen Stil einfiel, mußte zur Strafe bis zur ersten Halbzeit dem Spiel zusehen.

Das *Würstchen-und-Cola-Spiel* beschäftigte mich ungefähr eine knappe Stunde. Ich rief mit verstellter Stimme dem Verkäufer am Ende der Reihe eine Be-stellung zu. Die Zuschauer reichten Würstchen und Cola die ganze Reihe entlang weiter ohne das Spiel-feld aus den Augen zu lassen, 138 Plätze weit. War das Ende der Reihe erreicht, gaben Sie es in die nächstobere oder -untere weiter. Ich beobachtete, wie viele Reihen Cola und Würstchen durchwander-ten, ehe jemand sie sich schließlich einverleibte.

Und noch etwas spielten Peggy und ich: *Wie sieht das aus?* Wir vereinbarten einen Gewinn von einigen Dollars, und den bekam diejenige, die am treffend-sten wiedergeben konnte, wie die Pausenmusiker auf dem Spielfeld aussahen. Ich habe einmal 8 Dollar gewonnen, weil ich den Tubabläser als Sardelle auf einem Pizza-Feld bezeichnete.

Ich fragte mich, was mein Mann wohl sagen würde, wenn ich an meinem nächsten Sonnabend erklärte, ich ginge nicht mit zum Football. Dann würde sich zeigen, wie fest fundiert unsere Ehe noch war.

Als ich das vor meiner Nachbarin Lynda erwähnte, war sie ganz entsetzt. »Das kann nicht dein Ernst sein! Du hast Gelegenheit, mit deinem Mann zum Football zu gehen, und willst dich drücken?«

»Wieso, was ist daran verkehrt?«

»Ich gäbe alles darum, wenn mein Jim beim Football zuschauen würde. Schließlich gibt es für einen Mann keinen gesünderen Sport auf der Welt als Football. Auf den billigen, unüberdachten Tribünen sitzen, eine Thermosflasche heißen Kaffee zwischen sich, eine Decke über den Knien, das schafft Gemeinsamkeit!«

»Was ist nur aus dir geworden? fragte ich. »Damals, als du Jim per Reklameballon mitteilen mußtest, daß du ihm einen Sohn geboren hattest, bekamst du auch noch Schimpfe dafür!«

»Tja, das war noch eine andere Zeit. Heute steht er jeden Sonnabend auf, füllt die Thermosflasche und rennt ins Stadion. Er redet dauernd von Außenbegrenzung, Linie und Bewegung im hinteren Feld, ja er schwärmt davon.«

»Ich dachte immer, er mag Football nicht?«

»Mag er auch nicht. Er schaut immer nur nach den

Pompomgirls. Fünfzig Pompomgirls mit Spaghetti-beinen, Minusbäuchen und aufblasbaren Oberwei-ten. Vorigen Sonnabend, als die Mannschaft einlief, sagte er: ›Komm, wir holen uns jetzt während des Spiels was zu trinken, damit wir in der Pause zurück sind!‹ Ich sage dir, diese Mädels ruinieren den ganzen Sport.«

»Ach, Lynda«, sagte ich, »Football wird keiner je abschaffen können, so wenig wie den Nikolaus oder den Schnupfen. Es wird ihn immer geben, ob wir nun hingehen oder nicht. Und sag mir ja nicht, daß du nicht deinen Ehevertrag gern nachträglich umschrei-ben würdest, wenn du könntest!

Ich habe mir gestern ein paar Kleinigkeiten notiert, die mich in unserer Ehe die Wände hoch treiben. Den Zettel legte ich meinem Mann dann aufs Kopfkissen. Hör sie dir an:

Nimmt die Bezeichnung ›Freizeitanzug‹ zu wört-lich.

Hat mich angelogen und behauptet, Wildleder stam-me von einer bedrohten Tierart, so daß das ökologi-sche Gleichgewicht in Gefahr käme, wenn ich mir den neuen Lederrock kaufte.

Verrät mir nie Bürogeheimnisse, die ihm vertraulich mitgeteilt worden sind und die niemandem zu sagen er geschworen hat.

Erklärt sich bereit, mit mir einkaufen zu gehen, und lehnte dann an der Wand wie ein Wartender in der Krankenhausambulanz.

Hat öffentlich verkündet, meine Oberarme erinnerten ihn an Rollenbutter . . .«

»Himmel, das war doch schon vor zehn Jahren«, meinte Lynda.

»Scherze über fette Oberarme verjähren nicht. Und zu allem Überfluß macht er mir meine Fernsehserien mies.« Letzteres bildete jahrelang einen Zankapfel zwischen uns beiden. Eigentlich wußte ich nicht, warum. Ich hatte mir einmal eine solche Serie angesehen. Natürlich war darin alles frei erfunden. Wo auf der Welt sagt ein Mann seiner Frau, solange noch die Lampen brennen, daß er sie liebt? Aber fesselnd fand ich sie doch. Solche Serien hatten sich während der letzten Jahre sehr verändert. Früher war es unschuldiger Kinderkram, bei dem die Heldin ständig Kaffee einschenkt und in drei Wochen eine Schwangerschaft von neun Monaten absolviert. Jetzt aber kam Abtreibung, Trunksucht, Inzest, freie Liebe, Drogen, Homosexualität und frecher Widerspruch gegen Mütter darin vor.

Die Heldin der allerneuesten Fernsehserie hieß Erogenique. Wenn man es mit einem solchen Vornamen im Leben zu nichts bringt, ist man selber schuld.

Ich bemühte mich krampfhaft, mir vorzustellen, was diese Erogenique an ihren sendefreien Tagen tat. Ich malte mir aus, daß wir beide in einer Wohnung in New York wohnten und so verschieden waren wie Tag und Nacht. Abend für Abend käme sie atemlos hereingestürzt und schwatzte mir über ihre neueste

Eroberung etwas vor: ein Mann, der sie in einer knappen Stunde abholen käme, und ob ich nicht ein Schatz sein und ihn hereinlassen wolle. Und jedes Mal verlor sie dann den Gegenstand ihrer Begierde an mich. Es war immer das gleiche. Er stand in der Tür, sprachlos vor solcher Häßlichkeit. Er hätte meine Zimmergenossin haben können (die am ganzen Körper keine unschöne Stelle hatte), doch nein, er wollte mich, die gern ruhig zu Hause saß und an einer Tagesdecke stickte. Wenn er dann den Arm ausstreckte, um mich an sich zu ziehen, wich ich zurück und rief: »Wenn Sie etwas suchen, was auf Fingerdruck funktioniert, kaufen Sie sich einen Mikrowellenherd!«

Wenige Wochen nach meinem Entschluß, frische Luft in meine Ehe zu lassen und dabei Türen und Fenster aufzureißen, saß ich eben wieder vor dem Fernseher, da erschien Lynda in der Tür und sagte: »Ich kann's nicht mehr aushalten. Ich muß dich fragen: Was ist passiert, als du deinem Mann gesagt hast, daß du nicht mit zum Football willst?«

»Er hat gesagt: okay.«

»War das alles?«

»Ja, das war alles. Psst, Erogenique ist gerade dabei, auf der Beerdigung ihres Stiefvaters den Inhaber der Bestattungsfirma zu kompromittieren.«

Auf dem Bildschirm sprach eben Schwester Emma: »Liebe Erogenique, das Schlimme bei dir ist, daß du dich selbst nicht leiden kannst. Du kannst keine

Beziehung zu jemand anders eingehen, deine Selbständigkeit hat dich destruktiv gemacht. Du magst die anderen nicht und dich selber auch nicht, weil du so gar nichts Liebenswertes hast. Ich verabscheue und hasse dich.«

»Hast du das gehört?« fragte ich. »Sie hat gar nicht unrecht. Erogenique mag Erogenique nicht, sie ist von ihrem Wert nicht überzeugt.«

»Ja, das wird's sein«, gähnte Lynda. »Alle versuchen einen dazu zu bringen, daß man sich selbst gegenüber ein gutes Gefühl hat. Man darf heutzutage nicht mehr mittelmäßig sein, man muß vollkommen sein. Sie dir das an: Selbst die Werbung ist ganz darauf abgestellt.«

Schweigend sahen wir zu, wie eine Hausfrau namens Mildred in einem Supermarkt interviewt wurde. Der Interviewer fragte Mildred, ob ihr Mann Kartoffeln oder lieber Klöße zum Brathähnchen wollte.

Mildred, die seine Kinder geboren, mit ihm aus dem gleichen Zahnputzbecher getrunken und seine Erkältungen geerbt hatte, sagte ohne mit der Wimper zu zucken: »Kartoffeln. Mein Mann würde Kartoffeln vorziehen.«

Als in der nächsten Szene der Ehemann interviewt wurde, sagte er: »Klöße. Ich würde Klöße vorziehen.«

In der dritten Szene war die Hausfrau sichtlich erschüttert und stotterte: »Das hab' ich nicht gewußt . . . von jetzt ab gebe ich ihm immer Klöße.«

Ich wandte mich an Lynda. »Du liebe Zeit«, sagte ich mit funkelnden Augen. »Ich glaube, auch Bill würde Klöße vorziehen. Wie ist denn das bei Jim?«

Lynda sah mich müde an. »Wen juckt das schon«, sagte sie. »Ich könnte ihm Rentierfleisch servieren, er hätte es bestimmt schon zu Mittag gegessen. Wenn diese Mildred nur einen Funken Verstand hat, gibt sie ihrem lahmen Heini wirklich Klöße, bis sie ihm zum Hals heraushängen.«

»Worüber bist du denn so wütend?« fragte ich.

»Ich bin wütend, weil ich dasitzen und mir vorbeten lassen muß, wie ich mich abstrapazieren soll, nur um dann Eisentabletten schlucken zu müssen. Wir werden manipuliert, verstehst du. Ich habe jetzt gelesen, welche Fallen dem Konsumenten gestellt werden, in einem Buch, es heißt KAUFANGST. . .«

4 Kaufangst

Ich habe offen gestanden noch nie darüber nachgedacht, was mich zum Kaufen motiviert. Ich hielt es bisher mit dem Spruch: Einer muß es schließlich machen. Dabei befolgte ich die Anweisungen: Ich nahm bei Erdnußbutter immer nur die beste, bekämpfte Zahnverfall, verzweifelte über Kratzer in der Wanne und vergrub mein Gesicht in duftender Wäsche, als sei mir Gott im flammenden Dornbusch erschienen.

Ich kenne einige Frauen, die eine Großpackung Abführmittel, drei Pfund rrröstfrischen Kaffee und eine komplette Serie weiblicher Hygieneartikel in ihrer Handtasche bei sich tragen. Das habe ich nie getan.

Aber in einem waren wir uns doch ähnlich. Wir glaubten. Wir glaubten, wenn wir zu den angepriesenen Erzeugnissen überwechselten, würden wir die besten, charmantesten, frischesten, saubersten, schlanksten und schlauesten Frauen in unserem Wohnblock (und die ersten, die ihren Darm zur Pünktlichkeit erzogen hatten.)

Das Einkaufen für die Familie war meine dringlichste Aufgabe.

Im Jahre 1969 ist ein Mann auf dem Mond spazierengegangen. Was bedeutet das schon! Im gleichen Jahre habe ich ein paar Turnschuh gefunden, mit denen mein Sohn hätte höher springen können als bis zum Handballkorb. Eine Anti-Baby-Pille wurde entwickkelt, die die ganze Weltbevölkerung verändern würde. Hosianna!

Unsere Regierung war in einen Vertuschungs-Skandal verwickelt. Na, wenn schon. Mir genügte das Wissen, daß mein Bratrohr sich selber reinigte, während ich im Bett lag und las.

Meine Kinder herrschten über meine Einkaufsgewohnheiten, das wußte ich selber. Sie konnten die Reklamestrophen für gewisse Biersorten schon singen, als sie noch keinen Gegenstand mit den Augen fixieren konnten.

Ich erinnere mich, wie ich eines Tages vor der geöffneten Schranktür stand, vor mir elf angebrauchte Packungen Frühstücksflocken, vom Honigsüßen Hopserchen über Knisterkorn bis zum Muntermachenden Mus. Die knisterten und knallten nicht mehr.

Ich sagte zu den Kindern, jetzt hätte ich genug, und es würden keine Frühstücksflocken mehr ins Haus geschleppt, ehe wir nicht die vorhandenen aufgegessen hätten. Außerdem rechnete ich rasch im Kopf und kam zu dem Ergebnis, daß eine Packung ›Lustiger Löffel‹ mich insgesamt ungefähr 116,53 $ gekostet hatte. Darin enthalten waren die Kosten für den Zahn, den ich mir an einem Plastikunterseeboot auf dem Boden der Packung ausgebissen hatte, die Antibiotika, die nötig gewesen waren, als ich einen Teil der Flocken dem Hund gegeben hatte, und die Kosten des Verpackens und Transportierens bei drei Umzügen.

Schließlich leerten wir alle Schachteln, sahen uns aber anschließend einer beklemmenden Familienentscheidung gegenüber: Welche Marke sollten wir ab jetzt wählen? Ich persönlich war für *Knisterkorn*, weil es die Verdauung förderte und man als Prämie ein Usambara-Veilchen bekam.

Eines der Kinder wollte *Soggies*, weil man davon rote Zähne bekam.

Ein anderes wollte *Dschungel Dschollies*, weil sie überhaupt keinen Nährwert hatten.

Wir müssen zwanzig Minuten neben dem Regal für Frühstücksflocken verbracht haben, ehe wir uns endlich für *Weizen-Wippchen* entschieden, weil sie »als Imbiß nach der Schule Röntgenaugen verliehen«.

Auch seit die Kinder groß sind, stehen wir noch unter der Diktatur harter Verkaufsmethoden. Ich hatte mich daran gewöhnt, ihnen Weihnachtsgeschenke zu kaufen, die

a) ich nicht aussprechen konnte,

b) von denen ich nicht wußte, wozu man sie braucht, und

c) die Maschinenöl ausschwitzen.

Seit sie größer sind, schreiben meine Kinder nicht mehr: Lieber Weihnachtsmann! Bitte bring mir eine neue Puppe und ein Fahrrad.

Weit davon entfernt! Marktkennerisch bringen sie mir eine Liste, die ihren Wunsch bis auf die Katalognummer genau beschreibt.

Eine RF-60 FMStereo Box. Frag nach Frank. Wenn du bar zahlst, gibt es 5% Rabatt.«

oder: »Einen 273 Thyristorengeregelten Mecablitz 9–90 mit Schwenkfuß als großes Geschenk und in den Nikolaus-Strumpf kannst du noch ein paar Rollen EX 135 und Ektachrome ASA 64–19 stecken.«

Über das Phänomen der Kaufangst hatte ich noch nicht viel nachgedacht. Bis ich eines Abends 12 große Plastiktüten mit Einkäufen aus der Garage hereinschleppte. Mein Mann stöberte darin herum und fragte: »Und was kriegen wir nun zum Abendessen? Den Luftverbesserer? Die Tüte Grillkohle, das Töpfchen Handcreme oder das Lexikon?«

Da platzte mir schließlich der Kragen. Ich knallte die letzte Tüte auf den Tisch und rief: »Das ist also der Dank dafür, daß ich mich für die Bedürfnisse dieser Familie auseinandernehme. Im Supermarkt herrschen die Gesetze der Wildnis, und trotzdem muß ich jede Woche hin. Unerfahrene Anfänger stoßen Einkaufswagen vor sich her, fremde Kinder werfen Gegenstände in meinen Korb, Rabattmarken muß man zusammenhalten, mit Listen jonglieren, Etiketten entziffern, Obst betasten, und das mit dem Lexikon hättest du erleben müssen: 5000 Stück zu 59 Cent, die einem entgegenrufen: ›Nimm mich, nimm mich.‹ Der Band S war in beschränkter Auflage da, deswegen mußte ich sofort zugreifen. Alle wichtigen Wörter sind unter S.«

»Nun mal langsam«, sagte mein Mann. »So wichtig ist das S nun auch nicht.«

»Nicht so wichtig? Willst du, daß die Kinder durchs Leben gehen, ohne etwas von der Bedeutung von Sex, Sabbath, Satire, Skrupel und Status zu wissen? Ganz zu schweigen von S-chlußverkauf?«

»Du fällst aber auch auf jeden Reklametrick herein, dem du irgendwo begegnest.«

Er hatte gut reden. Männer kamen nie so unter Druck durch die Werbung wie Frauen. Ich sah es beim Fernsehen. Da saßen alle Männer nur herum, genossen, was geboten wurde, aßen irgendwelche Getreidepräparate, um ein Sport-As zu werden. Wenn sie mit ihrem Bankberater redeten, hörten alle zu. Sogar die Etiketten in ihren Shorts waren lustig und tanzten. Zugegeben, sie fuhren auch manchmal im Wagen eine steile Bergstraße hinauf, klatschten sich Rasierwasser ins Gesicht oder liefen in einen Hafen ein, doch im großen und ganzen waren es die Frauen, auf denen die Verantwortung für die ganze Familie lastete.

Und jeder fand es selbstverständlich.

Falls die Werbeeinschaltungen dazu dienten, mich selbstzufriedener zu machen, hatten sie kläglich versagt. In meinen Händen verwandelten sich die stabilen Papierhandtücher in Filterpapier. Meine Hustenmedizin war früh um 2 Uhr aufgebraucht. Meine Mülltüten platzten, wenn sie mit Müll in Berührung kamen.

Sonderbar, daß mir das früher nie so aufgefallen war: Ich war verantwortlich dafür, daß ein Shampoo meinem Mann auch tatsächlich gegen Haarausfall schützte. Dafür, daß meine Kinder ein gut ausgewogenes Frühstück bekamen. Ich war schuld, wenn das Fell meines Hundes nicht vorschriftsmäßig glänzte, und ich war es, die genau die richtige Menge Zitronen in alles spritzen mußte, damit es den Meinen nicht den Mund zusammenzog. Gab es im Liebesleben meiner Tochter eine Panne, so war es meine Aufgabe, sie daran zu mahnen, daß strahlend weiße Zähne *ihn* zurückgewinnen würden. Als ich eben über das Ausmaß meiner Verantwortung grübelte, kam im Fernsehen die Werbeeinschaltung: Ein Mann kommt nach zwölfstündigem Arbeitstag zerschlagen, deprimiert und erschossen nach Hause, öffnet die Tür, und 75 Personen springen auf und brüllen: »Happy birthday«. Der Mann umfaßt seine Frau, küßt sie und sagt: »Liebling, was für eine nette Überraschung!«

Sie weicht vor ihm zurück wie vor dem Kadaver eines vor drei Tagen krepierten Hundes und sagt: »Oh, oh, Mundgeruch. Dagegen müssen wir etwas tun. Sofort.«

Man möchte meinen, daß dies dem rauschenden Fest einen gehörigen Dämpfer aufsetzt. Statt dessen sehen wir die beiden im Badezimmer, wo er so lange heftig gurgelt, bis der Mundgeruch nachläßt. In der letzten Szene herrscht ungetrübte Fröhlichkeit. Er darf endlich bei der eigenen Party mitmachen und sie strahlt in dem Bewußtsein, ihren Mann wieder einmal vor sich selbst beschützt zu haben.

Wieso kommt dieser Blödmann nicht selber drauf, daß er einen Atem hat wie ein Kamel? Muß denn die Frau alles machen? Da unterbrach mich mein Mann, der mit einem Sporthemd in der Hand aus dem Schlafzimmer kam. »Liebling«, sagte er und grinste gutmütig, »ich sag' das nicht gern, aber mein Kragen hat einen Schmutzrand.«

Ich blickte auf und keifte: »Wie sich das trifft. Dann paßt er genau zu deinem Hals.«

Ich weiß nicht, warum ich damit herausplatzte, wahrscheinlich ärgerte mich, für das Wohl aller verantwortlich zu sein.

Wie naiv ich doch gewesen war! Ich hätte was merken sollen an dem Abend, an dem ich duschte, mir Parfum in beide Kniekehlen tupfte und dann meinen Mann im Dunkeln schnarchen hörte. (Der Fall war in der Geschichte der Kosmetikwerbung nicht vorgesehen.)

Ich verschaffte mir KAUFANGST, um darin nachzulesen, wie wir sonst noch ausgebeutet wurden. Gelinde gesagt – es war eine Offenbarung! Das Einkaufen, hieß es da, sei einer der am wenigsten bekannten Wissenschaftszweige. Fachleute wissen, daß es sehr anstrengend ist, äußerste Konzentration und blitzschnelle Entscheidungen erfordert.

Seit Jahren versuchen Forscher dahinterzukommen, warum Frauen so einkaufen, wie sie es tun. Dabei haben sie herausgefunden, daß sich bei Frauen, die einen Supermarkt betreten, in dem Augenblick etwas verändert, in dem sich ihre Hände um den Griff eines Einkaufswägelchens krümmen.

Ihre Blinzelfrequenz verringert sich auf vierzehnmal pro Minute, das versetzt sie in eine Art Trance, die Vorstufe der Hypnose. Einige erkennen ihre Freundinnen nicht mehr, wenn sie von ihnen angesprochen werden. Sie fahren in weniger als zwanzig Sekunden durch eine Verkaufsreihe und geben dabei durchschnittlich pro Minute 93 Cent aus. Alles in so einem Geschäft ist getestet und in Form und Farbe so abgestimmt, daß es zum Kauf reizt. Dem Käufer bleibt kaum eine Chance. Die wahre Streßsituation kommt dann an der Kasse. Immer angenommen, Sie waren imstande, Kaufimpulse zu unterdrücken und sich strikt an Ihre Liste zu halten: Alles steht in Frage in dem Moment, in dem Sie die Waren aufs Fließband stellen und sie registriert werden. Denn an der Kasse befinden sich: Candy, Kaugummi, Zeitschriften, Sonderposten, Waren zum halben Preis, Luftballons, Pfefferminz, Zigaretten und Kugelschreiber. Jetzt heißt es sich zügeln. Wenn Sie durchhalten, bis das Kassenglöckchen erklingt, wird ihre Blinzelgeschwindigkeit wieder auf fünfundvierzig pro Minute ansteigen, und der Bann ist gebrochen. Sie funktionieren wieder als normaler Mensch.

Als ich das nächste Mal im Supermarkt einkaufte, schaffte ich es in der gleichen brillanten Zeit wie der sagenhafte Nurmi. Beim Ausgang jedoch befiel mich Unbehagen. Dort stand eine Schlange. Eine Frau wühlte in ihrer Handtasche und suchte ihren Ausweis, weil sie mit einem Scheck zahlen wollte.

Ich warf ein Päckchen Rasierklingen in mein Körbchen. Die nächste Frau entdeckte ein Loch in ihrer Zuckertüte, und wir mußten warten, bis ihr der Laufjunge eine andere geholt hatte.

Ich tat noch einen Papierdrachen in mein Körbchen. Noch zwei Kunden vor mir.

Der Mann hatte seinen Karren voller Leerflaschen, die er seit der Erfindung des Glases gehortet haben mußte. Es war seine Schuld, daß ich noch die Lakritzstangen dazulegte.

Die Dame vor mir hatte nur wenige Artikel, aber der Kassenstreifen lief aus und mußte ersetzt werden. Die Gartenleuchte und das Vogelfutter gehen auf ihr Konto.

Endlich war ich dran. Die Kassiererin fing an zu tippen und fragte: »Wollen Sie das Buch mitnehmen oder hier lesen?«

»Mitnehmen«, sagte ich.

Die Kasse klingelte, die Endsumme erschien, und ich tauchte aus meiner Trance auf. Doch da war es zu spät. Unter dem Arm trug ich eine Taschenbuchausgabe von ABENTEUER DES LEBENS.

5 Abenteuer
des Lebens

Die Heldin solcher Bücher ist sich immer gleich: eine Frau, die keine Illusion mehr hat und mit einem Papiertaschentuch in der einen, einem Zellstoffhandtuch in der anderen durchs Leben geht, fest entschlossen, sich allein durchzuschlagen. Immer ist sie groß, hat lange Beine und ›streckt sich wohlig unter der Bettdecke in ihrer ganzen Länge aus‹.

Sie ist so schlank, daß man ihr ›ihre drei prächtigen Kinder nicht glauben will‹.

Sie ist noch nie im Leben glücklich gewesen.

Sie hat total vergessen, daß sie Medizin studiert und den Doktor gemacht hat, bis sie eines Tages frisches Papier ins Besteckfach legt und dabei zufällig ihr Diplom findet.

Sie hat ein schlechtes Gewissen, weil sie ihren Mann mit drei Kindern, Hypothekenraten von 565 Dollar im Monat, einer trächtigen Katze und einem leeren Kühlschrank zurückgelassen hat, muß aber ›mit sich selber ins reine kommen‹ und kann das nur, wenn sie ihr Leben selbst in die Hand nimmt.

Ich in meinem Alter hätte nicht mehr die nötige Spannkraft aufgebracht, nochmals von vorn anzufangen. Ich merkte neuerdings, daß mein Körper nur jeweils eines von beiden konnte: das Mittagessen verdauen *oder* aufrecht sitzen.

Ich wollte nicht verantwortlich sein für den Ölwechsel in meinem Wagen.

Es war mir schnuppe, wohin die Filter des Heizkessels verschwanden. Ich war ohnehin viel zu sehr auf Haushaltsprobleme fixiert (als ich Tom Jones einmal in Las Vegas auftreten sah und alle Zuschauer ihm ihre Hotelzimmerschlüssel huldigend zuwarfen, ließ ich mich hinreißen, ihm auch den meinen zuzuwerfen. Zwei Tage später stellte ich fest, daß ich ihm den Schlüssel zu unserer Tiefkühltruhe zugeworfen hatte.)

Neben den Büchern über Ehefrauen, die es ›allein schaffen wollen‹, standen aufgereiht die Ehehandbücher. Es waren durchweg Reinfälle. So frustriert hatte ich mich noch nie gefühlt seit dem Weihnachtsabend, an dem wir im Wandschrank ein Fahrrad zusammenbastelten – mit zwei fehlenden Unterlegscheiben und der Anleitung auf japanisch.

Wir fragten uns, womit wir denn unsere Zeit vertrödelt hatten, ehe Oswalt Kolle den Sex erfand. Im Anhang eines dieser Bücher war sogar ein Plakat eingeheftet, auf dem BRAVO stand. Man sollte es sich übers Ehebett hängen.

Mich persönlich faszinierten die freiheitlichen Bestrebungen am meisten. Im Grunde war ich eifersüchtig auf die Heldinnen der Bücher, insbesondere auf ihren Lebensgenuß. Wie blaß war doch, damit verglichen, meine Existenz. Meine sämtlichen Freundinnen schienen auf dem Weg zu neuen Abenteuern. Einige waren wieder berufstätig, teils des Geldes wegen, teils aber auch, weil sie Ruhe brauchten. Ein paar besuchten die Schule, die übrigen gestalteten mit Spiegeln und Plüsch das leere häusliche Nest neu.

Und ich? Bei mir herrschte Stagnation. Keiner meiner Jungvögel war schon flügge, und es bestand auch keine Aussicht darauf.

Meine Tochter hielt das rote Licht über dem Bratrohr für eine versteckte Kamera. Von meinen Söhnen führte einer das Leben eines Hamsters, der andere betrachtete Arbeit als eine Modetorheit wie den Hula-Hoop-Reifen oder die Freundschaftsarmbänder. Sie waren alle im schwierigen Alter.

Zu alt für Kindernahrung. Zu jung für den Fußpfleger. Zu alt, um ihnen wegen des Heimkommens Vorschriften zu machen. Zu jung, als daß man hätte einschlafen können, ehe sie daheim waren.

Zu alt, um ihnen noch Ratschläge zu geben, zu jung, als daß sie sie nicht mehr nötig hatten.

Zu alt, um Geschirr zu spülen, zu jung, um schon mit Essen aufzuhören.

Zu alt, um sie bei der Einkommensteuer abzusetzen. Zu jung für die Arbeitslosenrente.

Ich wollte, ich wäre so wie Mayva. Ihr war es total egal, was ihre Kinder taten, Hauptsache, sie hatten dabei saubere Hände.

Es kam mir so vor, als hätte ich mein Leben lang nur immer geschenkt, geliebt und geteilt. Und was hatte ich nun voll all dem Schenken, Lieben und Teilen? Ein Schubfach voller angeschmutzter Strumpfhosen, eine kaputte Stereo-Anlage und jeden Morgen eine nasse Zahnbürste. Ich hatte einen Fotoapparat mit Sand drin, eine Bluse, die an akuter Verschwitzung eingegangen war, einen Schlafsack mit kaputtem Reißverschluß und ein Transistorradio, das ›plötzlich aus war, Mom, wie es aufs Pflaster aufschlug‹.

Andere Frauen meines Alters hatten Kinder, die nicht zwanglos in ihren Schränken ein- und ausgingen wie in einem billigen Warenhaus.

Meine borgten meinen Tennisschläger, meinen Wagen, meine Koffer und mein Mundwasser. Und dann natürlich mein Fernglas. Das Fernglas hatte ich schon beinahe vergessen. Als ich meinen Sohn fragte, was eigentlich aus ihm geworden sei, sagte er: »Das ist in meinem Zimmer.«

»Warum bringst du es dann nicht dorthin zurück, wo du es hergeholt hast?«

»Was willst du denn mit einem kaputten Fernglas?«

Sie trieben mich zum Wahnsinn mit ihrer Unpünktlichkeit, ihrer Schlamperei und ihrem fehlenden Teamgeist im gemeinsamen Haushalt. Außerdem hatten sie den Punkt erreicht, wo sie sich meine

Erwachsenenausdrücke eingeprägt hatten und sie nun gegen mich verwendeten.

»Wirst du heute dein Zimmer saubermachen?« fragte ich.

»Das sehen wir dann.«

»Wenn du bis in die frühen Morgenstunden wegbleibst, mache ich mir immer solche Sorgen.«

»Große Leute sollten sich um die Kleinen keine Sorgen machen. Wir passen schon auf uns auf.«

»Es gefällt mir nicht, und ich dulde es nicht.«

»Komm, komm, doch nicht in dem Ton. Du bist müde und gereizt. Leg dich ein Weilchen hin, und wenn du aufwachst, reden wir weiter.«

Ich hatte bereits Schreckensvisionen: die älteste Mutter Nordamerikas, deren Kinder noch zu Hause lebten. Ich würde 95 sein, wenn meine Tochter sich mein letztes Paar sauberer Stützstrümpfe borgte, meine Söhne sich eine automatische Schwingtür am Eisschrank einbauten. Jeden Muttertag würden sie alle zusammenlegen und mir einen weiteren Stiftzahn kaufen.

Wanda, ja, Wanda hätte alles ganz anders gemacht. Wanda war die Heldin des Buches, das ich gerade las. WANDA GIBT NOTSIGNALE. Das war vielleicht eine Frau! Eines schönes Tages brach sie aus einem Hausfrauennachmittag mit Bilderlotto aus, ging in eine Salatbar für Junggesellen und -gesellinnen, bestellte sich dort Spinatsalat mit Speckstreifchen und lernte binnen drei Minuten einen Mann kennen (er aß grünen Salat mit Bohnensprossen und Mayonnaise) und schlief mit ihm, ehe sie beide ihre Salate verdaut hatten. Schon am nächsten Tag nahm sie eine Stellung als Vizepräsidentin eines Fernsehsenders an und vergrub sich in die Arbeit. Die Begegnung aber mit dem Salatesser (grüner Salat mit Bohnensprossen und Mayonnaise) konnte sie nicht vergessen. Nicht, daß sie es nicht redlich versucht hätte. Sie produzierte eine Dokumentarserie in Griechenland, eine Miniserie in Rußland und studierte abends für ihren Dr. phil. Der Salatmensch (Gr. Sal. mit Bo. Spro. und M.) rief sie täglich an. Doch sie wußte, was sie wollte.

Keine 96 Seiten später heiratete sie ihn, kehrte in einen normalen Alltag zurück und spielte auf der letzten Seite wieder Bilderlotto bei einem Hausfrauennachmittag. Zum ersten Mal seit langer Zeit war sie ganz und gar mit sich zufrieden.

Als ich das letzte Kapitel las, lagen mein Mann und ich am Meer. Ich blickte an mir herunter. Ich hatte meine Krampfadern unter Sand vergraben. Die Fliegen umsummten mich wie verrückt, wegen meines Haarsprays. Neben mir saß mein Mann, gegen die Sonne mit Badetüchern vermummt, und überprüfte seine Kontoauszüge.

Es war nicht unbedingt die Szene in der Brandung aus dem Film »Verdammt in alle Ewigkeit«.

Zwar befriedigte mich, in Wanda und ihresgleichen eine Art Ersatzexistenz zu führen. Wie aber, wenn ich selbst in die nächsthöhere Lebensebene wollte?

Ich besprach das Problem mit meiner Tochter. »Ich weiß nicht recht, wie ich es dir sagen soll, aber irgendwie hinderst du mich daran, einen anderen Gang einzulegen und in die nächste Phase vorzustoßen, um meine wunderbare Persönlichkeit zu entfalten. In einem Jahr ist es eventuell schon zu spät.«

»Was genau willst du damit sagen?«

»Ich glaube, ich will sagen, daß es viele Colleges an fernen Orten gibt, die Gelegenheit geben, mit aufregenden, interessanten Menschen zusammenzukommen. In einer solchen Atmosphäre kann man wachsen und reifen. Die Trennung von der Familie zwingt üblicherweise dazu, sein Leben selbst zu gestalten, den Dingen eine subjektive Rangordnung zu geben und sie ohne Einmischung Dritter durchzuhalten. Du verstehst doch, was ich meine?«

Sie legte mir ihre Hand auf den Arm. »Aber Mom, wenn du gern noch mal zur Schule gegangen wärst, warum hast du es dann nie gesagt? Wir schaffen es doch auch ohne dich. Wir essen einfach viel auswärts.«

»Du hast mich nicht verstanden«, sagte ich und biß mir auf die Lippen. »Das Leben besteht aus Phasen. Da gibt es die Säuglingsphase, die Kindheitsphase, die Teenagerphase, die Ehephase und die Selbstverwirklichungsphase. Jedes Ende einer Phase ist ein bißchen beängstigend, weil es Veränderungen bedeutet und weil Veränderungen Anpassung nach sich ziehen, aber weitergehen muß es ja, verstehst du?«

Sie nickte und ich fühlte mich ermutigt.

»Es ist kein leichter Entschluß, die nächste Phase zu beginnen, aber wenn man immer daran denkt, daß man ja Freunde hat, die zu einem halten, ist es nicht ganz so schlimm, seinen eigenen Weg zu gehen.«

»Aber wenn Dad und du lieber eine eigene Wohnung möchtet, warum habt ihr es nie gesagt? Wir haben doch nicht geahnt, daß wir euch im Wege sind. Der Haushalt hier muß dich ja belastet haben. Was du sagst, ist richtig. Und wenn dir hin und wieder danach zumute ist, wieder herzukommen, sind wir ja immer noch da.«

Ich blieb also eingesperrt mit meiner Anrichte voll schmutziger Gläser, gebrauchten Tempotaschentüchern in Jeanstaschen und den Hühneraugenpflastern, mit denen meine Kinder die Wasserbetten geflickt hatten. Ich machte einen letzten Versuch.

»Du solltest daran denken, dir ein eigenes Leben aufzubauen. Du mußt lernen, daß Strumpfhosen nicht ewig von allein sauber bleiben und daß der Sinn des Lebens in etwas anderem besteht als einer gut zusammengestellten Kräutercreme. Wenn du von zu Hause fortgingest, irgendwo auf ein College, wärst du für dich allein verantwortlich. Du würdest ein ganz neues Selbstgefühl entwickeln, Unabhängigkeit und – Füße. Jawohl. Füße. Draußen in der Welt gibt es eine Menschenart, der du noch nie begegnet bist. Sie heißen Fußgänger.«

»Willst du damit sagen, daß du mich gern los wärst?

Daß ich dir auf die Nerven geh? Daß wir uns trennen sollten?«

»So direkt habe ich es nicht ausgedrückt.«

»Aber so haut es einigermaßen hin, ja?«

»Dein Vater und ich haben dich sehr lieb. Aber es wird Zeit für die nächste Phase.«

»Ich verstehe«, sagte sie. »Wenn das Semester zu Ende ist, sehe ich mich um nach einem College, das ein bißchen weiter weg ist.«

Warum nur ist mir immer so jämmerlich zumute, wenn meine Kinder auf einen meiner Vorschläge, der gut für sie ist, so willig eingehen?

Als ich in der Bibliothek WENDY UND ANDERE PHANTASTISCHE GESCHICHTEN zurückgab, traf ich dort meine Freundin Nancy. Wir sprachen über meinen Alltag und den Wegzug meiner Ältesten. Sie lächelte und meinte: »Man sieht sehr deutlich, was dir fehlt. Du hast deine Midlife-Krise.«

»Das klingt so hochgestochen«, sagte ich.

»Glaub mir«, sagte Nancy, »ich weiß, wie du dich fühlst – verbraucht, unbefriedigt, nicht anerkannt. Du lebst in einer zwielichtigen Zone. Du lebst in Angst. Der Angst, deine Kinder könnten eine Forsetzung von NESTHÄKCHEN UND SEINE KÜKEN schreiben. Angst, du könntest sterben müssen, nachdem du einen sonderbaren und kalorienarmen Salat gegessen hast, der nach nichts schmeckt. Angst, du könntest zu einer Party müssen, bei der Partnertausch stattfindet und keiner Lust hat, dich einzutauschen.«

»Das ist nicht wahr«, sagte ich. »Ich beklage mich vielleicht gelegentlich, aber ich hatte ein erfülltes Leben.«

»Ich habe deinen Terminkalender gesehen«, meinte Nancy. »Er sieht aus wie bei einer Bettlägerigen. Bist du noch nie morgens aufgewacht, hast in den Spiegel geschaut und laut gesagt: Nie werde ich Botschafterin Uganda. Nie werden meine Beine in Stiefel ohne Reißverschluß hineinpassen. Nie werde ich mit Erfolg Schwertfarn züchten oder das Preisausschreiben in Reader's Digest gewinnen.«

»Nancy«, sagte ich, »ich mag ja dies und jenes sein, aber mit mir selber reden tu ich nicht. Und ich lebe auch nicht in Angst vor irgendwas. Ich bin ein völlig ausgeglichener Mensch.«

»Hör zu«, sagte sie, »ich habe da ein Buch, in dem steht nicht nur, welche Krise als nächstes im Leben eintreten wird, sondern auch, wie du damit fertig wirst. Es heißt PHASEN.«

Phasen, alles nur Phasen

 Eines ist mein Leben bestimmt gewesen: vollkommen berechenbar. Nach mir konnte man die Uhr stellen. Mit 12 Jahren Pickel im Gesicht. Mit 22 geheiratet. Mit 26 in den Wehen gelegen. Mit 30 die erste Haartönung. Mit 35 beim Bäcker gekaufte Kuchen. Mit 40 Rollkragenpullover.

Ich brauchte kein Buch, um zu wissen, daß die Zwanzigerjahre traumatisch, die Dreißiger illusionsmordend, die Vierziger ruhelos und die Fünfziger ... mein Himmel, nur kümmerliche zwei Seiten hießen ›Resignierend‹ und waren zwischen Rollkragenpullover und Inhaltsverzeichnis eingeklemmt!

Das Werk verlor kein unnötiges Wort (wahrscheinlich war auch keine Zeit mehr zu verlieren!) Es konstatierte, ich lebte in einer Zeit der Angst. Angst vor Unerfülltheit, Angst vor dem, was die Leute von mir dachten, Angst vor Krankheit, Angst vor dem Alter.

Das stimmte nicht. Ich hatte keine Angst vor dem

Alter. Es fiel mir nur immer stärker auf, daß die einzigen, die behaupteten, das Alter sei schön, durchschnittlich 23 waren.

In meinem innersten Herzen wollte ich nicht glauben, daß Shirley Temple schon sauber war. Doch, es gab ein paar Momente der Empfindlichkeit. Als ich meinen Paß erneuern ließ, fragte der Mann hinter dem Schalter laut nach meinem Geburtsdatum. Es heißt, ich hätte ihn an die Wand gedrückt, ihm den Unterarm über die Gurgel gepreßt und gezischt: »Wir wollen uns doch bitte auf die Feststellung beschränken, daß ich irgendwo zwischen Östrogen und Ableben bin.«

In PHASEN stand, ich hätte Angst vor allem, was das Leben mir möglicherweise noch bescherte, Angst vor dem Verlassenwerden, Angst vor dem Alleinbleiben. Die wollten mich wohl verkohlen? Angst davor, jedes Interesse an Sex zu verlieren, Angst vor Phobien.

Ich schlug das Buch mit einem Knall zu. Alles klar: Ich war mit meiner Midlife-Krise zu spät daran. Sie hatte schon ohne mich angefangen. Ich hatte keine einzige Phobie.

Gerade als ich mich so recht darüber freute, kam meine Tochter heim, stürzte ins Zimmer, warf die Wagenschlüssel auf den Tisch und fragte: »Rate mal, wer ein Kind kriegt!«

»Keine Ahnung, du mußt mir daraufhelfen.«

»Bunnys Mutter, Barfy.«

»Doch nicht im Ernst«, lachte ich. »Barfy ist ein Jahr älter als ich und zwanzig Jahre jünger als die Mik-kymaus.«

»Sag ihr das! Sie hält sich für piepsjung. Ich finde sie Klasse! Warum schaffst du dir nicht auch noch ein Baby an? In ein paar Jahren sind wir alle aus dem Hause. Womit willst du uns ersetzen?«

»Ich kriege dann die Masern.«

»Viele Mütter von Freundinnen werden jetzt schwanger. Ein neues Baby soll einen um zehn Jahre jünger machen.«

»Jünger als was?«

Als sie gegangen war, ließ ich mich wie gebrochen in einen Sessel plumpsen. Nie in meinem Leben hatte mich etwas so getroffen. Daß so etwas möglich war! Da hatte ich meine Midlife-Krise, meine Angst, mit der ich nicht gerechnet hatte; die Phobie, ins Gui-ness-Buch der Rekorde einzugehen, weil ich mit über vierzig noch ein Kind bekam.

Das schaffte ich nicht mehr. Da konnten die noch so sehr predigen, Spätlinge seien ein solcher Gewinn.

Ich war einfach zu erschöpft, um noch mal von vorn anzufangen. Während man mir den Zahnstein ent-fernte, schlief ich ein. Wenn eine Party länger dauer-te als bis 22 Uhr, döste ich vor mich hin. Nach einer ausgiebigen Mahlzeit konnte ich die Beine nicht mehr übereinanderschlagen. Wenn ich wieder früh um 2 Uhr füttern müßte, würde ich Tränensäcke unter die Augen kriegen.

Meine geistigen Fähigkeiten ließen bereits nach. Ich konnte keine Fragen mehr beantworten. Z. B. warum der liebe Gott nicht heiratete, wie ein Fußball von innen aussah und wieso der Lebkuchenmann nicht quiekste, wenn ich ihm mit dem Finger in den Bauch stieß.

Das alles hatte ich einmal gewußt. Mir war nichts mehr neu. Ich hatte drei Regentage lang mit drei windpockenkranken Kindern und einer kaputten Waschmaschine durchgestanden. Ich war beim Aufblasen vom Gummiplanschbecken ohnmächtig geworden. Ich hatte drei Staaten im Wagen durchquert, unter dem Sitz einen Beutel nasser Windeln, im Fond zwei Kinder, die sich um einen Kaugummi voller Fusseln stritten.

Ich hatte mich abgerackert – mit Sportwägelchen im Aufzug, mit Wasserschlachten am Weihwasserbecken, mit Tränenströmen am ersten Schultag.

Wenige Tage darauf traf ich Barfy im Einkaufszentrum. Sie hatte schon den charakteristischen Schwangeren-Gang.

»Barfy!« rief ich teilnehmend und glotzte auf ihren Bauch. »Wie ist denn das passiert?«

»Glaubst du vielleicht, ich trüge es für eine Freundin aus?«

»Entschuldige«, sagte ich, »es war nur der erste Schreck.«

»Ist schon gut. Man fragt mich die blödesten Sachen. Zum Beispiel: Du meine Güte, läufst du denn immer noch mit diesem Baby herum?«

»Ich dachte, du nimmst die Pille?«

»Die Pille haben wir alle genommen, Wizard, Corky und Berry. Es gibt da keine Garantie, weißt du. Tagtäglich strengt jemand gegen die Pharma-Industrie einen Schadensersatzprozeß an.«

»Keine Garantie«, sagte ich wie vor den Kopf geschlagen.

»Na, deine Familie ist sicher sehr überrascht.«

»Die ist hingerissen«, sagte sie. »Sie kann es kaum erwarten, daß es da ist. Alle versprechen bereits, das Baby zu wickeln, zu füttern und mit ihm zu spielen, aber ich fürchte, es wird damit gehen wie mit Winnies Baby. Du erinnerst dich doch an Winnie? Ihre Kinder hatten ihr versprochen, daß sie keinen arthritischen Finger würde rühren müssen, wenn das Kind erst geboren wäre. Sie war von Anfang an mißtrauisch, aber weil sie schon 43 war, gab sie schließlich nach. Als es dann da war, rief sie ihre Tochter herein, damit sie es sich anschaute. »Na«, fragte sie, »was hältst du von deinem neuen Pflegling?« Die Tochter besah sich das Baby, zuckte die Achseln und meinte: »Ich hab' mir's anders überlegt, ich möcht' doch lieber einen Hund.«

»Mensch, Barfy, du mußt dir ja total bescheuert vorkommen im Wartezimmer beim Frauenarzt. Zwischen all den jungen Dingern.«

»Das schon, aber seit wir damals unsere Kinder erwarteten, hat sich viel geändert. Die werden heutzutage im Vorbeigehen geboren. Alles ist ›natürlich‹, und der Ehemann bleibt während der ganzen Entbindung dabei. Weißt du noch, wie das bei uns war?«

»Und ob ich das weiß! Ich bin vor Angst hysterisch geworden und habe um eine Narkose gebeten . . . und das schon bei der ersten Schwangerschaftsberatung.«

»Jetzt ist das eine völlig andere Sportdisziplin«, seufzte Barfy. »Supersaugfähige Wegwerfwindeln, Rückentücher, damit man sie immer bei sich tragen kann, Fertigmilch, mit denen man nicht seine ganze Zeit verplempert – und eine ganz andere, entspannte Atmosphäre.«

»Bedaure, Barfy, aber für mich kommt eine Entbindung ohne Betreuung durch eine Friseuse nicht infrage. Das wäre mir zu primitiv.«

Nachts konnte ich nicht einschlafen. Vor meinem inneren Auge zogen allerlei Bilder auf. Mit 65 eine Windelnadel verschlucken . . . Von meinem Baby im Kinderwagen durch den Zoo gefahren . . . Während der Entbindung ein Nickerchen machen . . . Zum Muttertag einen Herzschrittmacher geschenkt bekommen . . . Mit dem Kind um die Babynahrung raufen . . . Es verdreschen, weil es bunte Männlein auf meinen Seniorenfahrschein gemalt hat . . . Die erste Rentnerin werden, die zu einer Entbindung Altersruhegeld in Anspruch nimmt . . .

Es war einfach so: Ich wollte so alt aussehen, wie ich war, aber nicht so handeln, wie ich aussehen wollte. Außerdem wollte ich alt genug sein, um diesen komplizierten Satz zu begreifen.

Daß in diesem Land ein Kult mit der Jugend getrieben wird, weiß jeder. Die Menschheit opfert vor dem Altar straffer Haut und glänzender Haare. Auf Plakaten werden nur schmalste Taillen gezeigt, und junge Zweitfrauen werden behandelt wie gekrönte Häupter.

Hat man eine Falte, wird sie herausgebügelt. Sackt etwas, wird es geliftet.

Baumelt etwas, wird es gestrafft.

Steht etwas weg, muß es eingezogen werden.

Graues wird gefärbt.

In meinem Freundeskreis tauchten neue Gesichter auf. Gesichter, die wie Masken wirkten. Um ehrlich zu sein, ich hatte schon manchmal auf einem Babypopo mehr Falten gesehen. Ich weiß noch, wie begeistert ich war, als ich eines Tages einen kosmetischen Stift auftrieb, mit dem sich Falten tilgen ließen. Ich benutzte ihn und tilgte damit mein ganzes Gesicht.

In PHASEN wurde einem geraten, dem physischen Alterungsprozeß ohne Panik entgegenzusehen, aber das war nicht so einfach, wenn alle um einen herum betonten, wie alt man aussähe.

Mit meinem Alter söhnte ich mich erst an dem Nachmittag aus, an dem ich halbverschlafen auf dem Sofa lag und mir wieder einmal den alten Film ›Sunset Boulevard‹ ansah, mit Gloria Swanson und William Holden. Ich hatte ihn schon ein dutzendmal gesehen und war immer wieder begeistert. Eben lief die große Szene, in der Bill Holden die alternde Diwa

Norma Desmond verläßt. Ein Satz, den er dabei sprach, riß mich vom Sofa. »Norma«, sagte er, »es ist nicht tragisch, fünfzig zu sein, wenn man dabei nicht versucht, auszusehen wie fünfundzwanzig«.

Fünfzig! Norma Desmond war die ganzen letzten Jahre fünfzig gewesen? Ich hatte sie immer für mindestens 97 gehalten. Schreckensstarr sah ich, wie sie die große Treppe herunterschritt, im Licht der Scheinwerfer, während die Kameras kurbelten. Fünfzig! Die war ja noch ein halbes Kind!

Ich knipste das Licht im Badezimmer an und musterte mich gründlich. Da wurde einem immer erzählt, Altern sei ein allmählicher Prozeß. Das stimmte einfach nicht. Ich ging abends ins Bett und wachte am nächsten Morgen mit sämtlichen Altersleiden auf, die ich in den nächsten zehn Jahren zu erwarten hatte.

Über Nacht entwickelte sich bei mir die SPEISE-KARTENBLINDHEIT. Zuerst dachte ich, es läge am Schummerlicht der Kerzen. Dann, es läge am zu kleinen Druck. Als ich die Speisekarte auf den Fußboden werfen, oder den Ober bitten mußte, damit bis an die Wand zurückzuweichen, ehe ich sie lesen konnte, wurde klar, daß ich eine Brille brauchte.

Als nächstes befiel mich die ANGST VOR MENSCHENANSAMMLUNGEN. Zwar hatte ich mich jahrelang davor gefürchtet, doch hatte mich niemand auf den Moment vorbereitet, in dem ich bei Klassentreffen aufkreuze und einer nach dem anderen zu mir sagt: »Du siehst phantastisch aus.«

Eine Zwanzigjährige begrüßt man mit: »Wie geht's denn?« Eine Dreißigjährige mit: »Was machst du so?« Das ist allgemein bekannt. Ist man aber erst auf dem absteigenden Ast, so lautet die Standardbegrüßungsformel: »Du siehst phantastisch aus«, wobei manchmal noch ein: »Im Ernst« folgt, das als Beruhigung gemeint ist.

Mit VORZEITIGER NOSTALGIE hatte ich gerechnet. Tag für Tag mußte ich mit ansehen, wie meine High School-Jahre im Fernsehen verhöhnt und verspottet wurden. Meine damaligen Kleider wurden wieder modern, die Schlager meiner Jugend wurden leicht imitiert durch den Kakao gezogen. Eine Weile versuchte ich ein ausdrucksloses Gesicht zu machen, wenn jemand Charles Aznavour erwähnte, doch damit täuschte ich niemanden.

Am schwersten gewöhnte ich mich an das PILLEN-SYNDROM. Morgens sah ich auf das Fensterbrett über meiner Spüle und dort stand eine Reihe von Pillen, die mich einsatzfähig machen sollten. Nützen taten sie offenbar nichts, sie standen nur so da, kleine Glasbehälter mit kindersicherem Schraubverschluß. Ich bekam trotzdem immer noch nachts Wadenkrämpfe, wenn ich auf einer Party hohe Absätze getragen hatte.

Mein NACHLASSENDES GEDÄCHTNIS wurde ein klassischer Fall. Ich bekam einen Salz-Spleen. Irgendwann einmal ging mir das Salz aus, und ich nahm mir vor, welches zu kaufen. Ungefähr zwei

Jahre lang kaufte ich jede Woche ein Päckchen Salz, weil ich nicht mehr wußte, ob ich es nun schon gekauft hatte oder nicht. Und wenn ich versuchte, mich an das Alter meines mittleren Kindes zu erinnern, mußte ich immer zum Jahr seiner Geburt zurück und von dort aus weiterzählen. Mein Gedächtnis wurde so schlecht, daß ich sogar Klatsch vergaß, den nicht weiterzusagen ich beim Grabe meiner Großmutter gelobt hatte.

Aber das ärgste Leiden meiner Midlife-Krise bestand darin, daß mir mein Körper den Dienst verweigerte. In meiner Jugend sagt mein Hirn zu meinen Füßen: »Steig in den zweiten Stock, und nimm die Wäsche mit.« Das ging nicht mehr. Die Beine rebellierten, und ich stapelte so viele Sachen am Fuß der Treppe auf, daß ich mir danach fast das Kreuz brach.

Ich habe das Kapitel über die Resignation wohl hundertmal gelesen und wurde dabei jedesmal deprimierter. Das klang ja, als näherte ich mich dem Höhepunkt meiner Senilität.

Es war schon etwa Mitte Juli, da verkündete meine Tochter, sie ginge auf ein College im nördlichen Teil des Staates und sei sehr glücklich darüber.

Mit meinem Friseur, Mr. Steve, sprach ich vertraulich über ihren Entschluß. »Sieht das den Kindern nicht wieder ähnlich? Man widmet ihnen sein Leben, füttert sie, sitzt mit ihnen die ganze Nacht unter einem Zerstäuber, stopft sie voll Vitamine, läßt ihre Zähne regulieren, ihre Haare dauerwellen, sorgt für sie, liebt sie, und kaum sind sie um die Zwanzig, gehen sie auf und davon und lassen einen allein.«

»Ich dachte, das wollten Sie?« sagte er.

»Nein, das wollte ich natürlich nicht. So was gehört zum Midlife-Zyklus. Begreifen Sie doch: Mein ganzes Leben ist vorprogrammiert, und in einem gewissen Alter muß ein anderer Gang eingelegt werden, mit dem es dann in die nächste Phase geht. Ich habe keine Kontrolle darüber.«

»Aber selbstverständlich haben Sie die Kontrolle über Ihr Leben,« sagte Mr. Steve und wirbelte mich in meinem Drehstuhl um meine eigene Achse. »Sagen Sie, unter welchem Tierkreiszeichen sind Sie geboren?«

Ich zuckte die Achseln. »Geburtstag habe ich am 21. Februar.«

»Hmm. Hab' ich mir gedacht,« sagte er. »Das erklärt alles. Vergessen Sie den Unsinn, daß Ihr Leben vorherbestimmt ist. Ich sage Ihnen, Sie haben es in der Hand. Sie brauchen sich nur nach Ihrem Sternbild zu richten. Ich habe da ein Buch, auf das schwöre ich. Es heißt SPRING AUS DEINEM TIERKREIS UND LEBE von Jeanne Vixon. Als ich Sie sah, wußte ich sofort, daß bei Ihnen der Mond in der zweiten Dekade steht. Dadurch kommen zu Ihrer Neptunischen Unerschütterlichkeit geheime Sehnsüchte. Die darauf folgende Dekade gerät unter den Einfluß des ungestümen Mars, und der gewährt Kraft und verläßlichen Beistand.«

»Und was bedeutet das genau?«
»Es bedeutet, daß Sie anfangen müssen, Feuchtigkeitscreme rings um die Augen aufzutragen, meine Liebe.«

7 Spring aus deinem Tierkreis

Seit ich gelesen habe, daß Eva Braun, Judas Ischariot und Anne Boleyn das gleiche Tierkreiszeichen haben wie ich, nehme ich die Astrologie nicht mehr ganz so ernst. Mr. Steve hatte es sicherlich gut gemeint, doch er konnte nicht wissen, daß ich der geborene Verlierer bin. Nie stand die Sonne in meinem Zeichen. Hinter meinem Rücken taten sich die Planeten gegen mich zusammen. Und mein künftiges Schicksal las sich immer, als hätte es zu lange in der Sonne gebleicht, die es zum Aszendenten hatte.

Vielleicht bin ich nur verbittert, aber mir kommt es immer so vor, als hätten ausschließlich andere Leute günstige Vorzeichen. Deren Horoskope lauten: »Beliebtheit und unermeßlicher Reichtum werden Ihnen zuteil, ganz gleich, was Sie anstellen. Sie können ihnen nicht entrinnen. Für jedes andere Tierkreiszeichen sind Sie von unwiderstehlicher Anziehungskraft. Wehren Sie sich nicht, genießen Sie es.«

Bei mir ist das anders. Da stehen unheilverkündende

Warnungen wie: »Passen Sie auf Ihre Handtasche auf!« – »Ihre Pubertätsakne hat nur vorübergehend nachgelassen, am 15. des Monats wird sie wieder auftreten.« – »Lassen Sie sich nicht entmutigen, wenn die besten Freunde Sie schamlos ausnutzen.«

Manchmal dachte ich, wenn Mutter nur ein bißchen länger durchgehalten hätte – sagen wir einen oder anderthalb Monate –, wäre alles anders für mich.

O ja, ich glaubte an die Voraussagen. Ich legte sie nur anders aus, als sie dann eintrafen. Ein paar Beispiele:

Voraussage: Heute bekommen Sie Gelegenheit, Anregerin und Führerin zu sein.

Tatsache: Ich mußte dreißig Viertkläßler durch eine Fleischfabrik führen.

Voraussage: Jemand, von dem Sie sich verlassen glaubten, taucht wieder auf.

Tatsache: Unter dem Ausguß fanden wir eine Küchenschabe.

Voraussage: Ob verheiratet oder ledig – alles wird jetzt eine Energie-Frage.

Tatsache: Wegen Stromsperre fiel stundenlang die Heizung aus.

Voraussage: Ihre Art, sich auszudrücken, ist einmalig. Sie könnten durch Schreiben eine große Befriedigung finden.

Tatsache: Ich schrieb einen Scheck aus – für das Auspumpen der Klärgrube.

Was mir Mr. Steve nicht gesagt hatte, war etwas

anderes: Sich nach seinem Sternbild zu richten ist
ein 24-Stunden-Job. Die Tageshoroskope in der Zeitung waren zu kurz, zu dürftig. Ich mußte mir weitere Zeitschriften kaufen, eine für die Ernährungsvor-
schau, eine für die Sexvorschau, eine für modische
Voraussagen, eine für eventuelle Reisen und dann
noch eine für Dekorwahl, Farben und Parfums.
Einmal wollte ich meinen Eisschrank abtauen, wagte es aber nicht, weil mein Tierkreiszeichen mich
warnte, ich solle die Farbe Grün meiden.
Ich sagte Ausflüge ab, verschob den Fußpfleger, lud
keine Jungfrau-Menschen zu meiner Party und mied
auf Anraten meines Horoskops einen vollen Monat
lang den Umgang mit Geld. (Ohne meine Kreditkarte
wäre ich verhungert.) Ich mußte so vieles lernen –
über mich. Ich war etwas ganz und gar Faszinierendes. Ich erfuhr, daß unter meinem Zeichen geborene
Frauen selbstsicher und dynamisch sind und Spargel
lieben. Ich war ein Orangentyp, vertrauensselig, fran-
zösisch-provinziell, mit unerschöpflicher Energie
und schmaler Taille.
Als mir eines Abends auf einer Hausfrauenparty ein
Schokoladeplätzchen auf den Teppich fiel, griff ich
zu, steckte es in den Mund und sagte: »Fusseln auf
Plätzchen haben noch niemandem geschadet.«
Eine Frau, die ich nur als ›Nicky‹ kannte, sah mir tief
in die Augen und nickte verständnisvoll. »Nur jemand, der die Fische im ersten Haus hat, würde so
etwas äußern.«

Ich fragte, woher sie das wüßte. Sie sagte, bestimmte Merkmale gehörten zu bestimmten Tierkreiszeichen. Ich sei meinem Geburtsdatum nach unter einem ganz besonderen Aszendenten geboren und hätte dadurch ein ganz besonderes Schicksal. Ich sei eine exzellente Hausfrau, hervorragende Köchin und gute Schneiderin. Das war kein Schicksal, das war ein Urteilsspruch.

Irgend etwas konnte da nicht stimmen. Was war zum Beispiel mit »dynamisch, selbstsicher und Spargel lieben?«

»Sie sind auf der aufsteigenden Linie«, sagte sie, »Sonne und Mond stehen in gerader Linie mit den Gezeiten.«

Ich hatte eher den Eindruck, die Flut stände mir entgegen. Eine Köchin? Jeder wußte, daß ich meinen Kindern mit dem Satz zu drohen pflegte: »Wenn du nicht folgst, mußt du *mit* Abendessen ins Bett.« Eine Hausfrau? Mein Weihnachtswunsch war, wie auch Phyllis Diller ihn wiederholt geäußert hat: ein Backofen mit eingebauter Spülmaschine. Eine Schneiderin? Wenn ein Knopf abfiel, hielt ich das für eine Mahnung Gottes, das Hemd sei Sünde.

»Sie sind unter einem herrlichen Zeichen geboren«, schwärmte Nicky. »Sie sind ein gutmütiger Mensch, der nie mehr erwartet als von allem das Schlechteste. Immer bekommen Sie die Gabel mit den verbogenen Zinken, aber Sie beklagen sich nie. Wenn Sie sich einen dreiteiligen Wochenend-Outfit mit Rock *und*

Hose kaufen, brennen Sie sich ein Loch in die Jacke, und es macht Ihnen nichts aus.«

»Warum macht es mir nichts aus?« wollte ich wissen.

»Weil es Ihre Bestimmung ist. Ich kenne sogar eine unter Ihrem Zeichen geborene Frau, die hatte einen Sohn im Ferienlager. Am Elternbesuchstag hatte sie Grippe und war im siebenten Monat schwanger. Trotzdem fuhr sie 300 km über Landstraßen. Sie hatte einen Platten, verfuhr sich zweimal, aber gab nicht auf. Sie schaffte es bis ins Ferienlager, und als die Jungens ihre Eltern vorstellten, sagte ihr Sohn – er war in seiner Beziehung zu den Eltern gerade in einer Aggressionsphase –: ›Meine Mutter hat nicht kommen können.‹ Wissen Sie, was sie da getan hat?«

»Ihn umgebracht?« fragte ich hoffnungsvoll.

»Nur mit den Achseln gezuckt und gesagt: ›Das war vorauszusehen, denn meine Sonne ist im Aszendenten, und ich bin auf dem Scheitelpunkt.‹ – Leuten mit Ihrem Tierkreiszeichen, meine Liebe, liegt die Welt zu Füßen.«

Ich wollte gar nicht, daß mir die Welt zu Füßen liegt, ich wollte nur dynamisch sein. Statt dessen bin ich offensichtlich im Zeichen des tönernen Kolosses geboren und stolpere 52 Wochen jährlich durch meinen Alltag, rubbele Flecken aus meinem Pullover, trage auf Schecks das falsche Datum ein und kann nie und nimmer riskieren, mit einer baumelnden Schultertasche durch eine Abteilung ›Feines Tafelgeschirr‹ zu schlendern.

Welche Zukunft lag nun vor mir? Ich schloß alle Wagentüren sorgsam ab und ließ dann das Schiebedach offen. Ich brach mir einen Zahn an einer weichen Makrone ab. Ich wurde vom Haartrockner meines Sohnes eingesaugt und verrenkte mir dabei die Schulter.

Wenn ich nicht wußte, wer ich war, was meine Psyche und mein Sternzeichen gerade anstellen, dann gefiel ich mir viel besser.

Allmählich verbrachte ich immer mehr Zeit in der Küche. Am Ende war ich wirklich schöpferisch und hatte etwas an meinem persönlichen Image übersehen?

Ich kaufte eine Küchenmaschine und hobelte Gemüse, bis ich umfiel. Ich kaufte einen Mikrowellenherd und mußte hilflos zusehen, wie meines Sohnes Zahnspange sich auflöste, als er sie in einem aufzubackenden Sandwich hatte steckenlassen. Ich verließ die Küche, ehe ich größeren Schaden anrichten konnte.

Ich kaufte eine Nähmaschine, die alles konnte, außer Besuchern die Haustür öffnen. Ich nahm mir vor, mir darauf eine Jacke zu nähen. Alle Abnäher waren verkehrt herum, die Knopflöcher aber ihrer Zeit weit voraus. (Dazu passende Knöpfe wurden noch nicht serienmäßig hergestellt.) Das Futter wuchs jede Nacht, während ich schlief. Es war dreimal heiß gewaschen, aber nie getragen worden.

Als ich eines Nachmittags an den Vorhängen für das

leergewordene Schlafzimmer meiner Tochter stichelte, fiel ein Buch zu Boden; Edith Marishna: WEIT FORT IM FERNEN OSTEN. Auf dem Umschlagbild saß eine Frau im Türkensitz und betrachtete, den beturbanten Kopf in den Nacken gelegt, den Himmel.

Ich wußte, daß transzendentale Meditation für meine Tochter etwas Faszinierendes hatte. Sie hatte mich sogar einmal zum Lunch in den GOLDENEN TEMPEL DER ZUCCHINI ausgeführt, eines der Restaurants mit naturreinen Nahrungsmitteln, wo alles entweder frisch gepreßt oder vor den Augen des Kunden gewachsen war. Wir bestellten organischen Bohnensprossensalat zwischen zwei hydroponischen Tomaten. »Ich glaube, ich werde jetzt mal ungeheuer über die Stränge schlagen«, sagte ich, »und mir noch ein Preiselbeerbier bestellen.« Ein Mann mit Turban erschien an unserem Tisch und hob das Bestellte hoch über den Kopf wie einen Gralskelch. Ich fühlte mich auch wie geheiligt bis zu dem Moment, in dem ich feststellte, daß mein Lunch 1200 Kalorien enthalten hatte.

Meditiert aber hatte ich noch nie. Das heißt doch, einmal, als ich für einen Dior-Schal 30 Dollar bezahlte, befand ich mich in leicht medialem Zustand. Doch so wie die Dame auf dem Titelblatt nicht. Auf der Rückseite des Schutzumschlags hieß es dann, jeder müsse sich einen organisch-betonten Mutterschoß der Stille schaffen, in dem er geistig wachsen und sein Leben neu überdenken könne. »Inneren Frieden«, stand da, »erreicht nur, wer das eigene Ich beherrscht.«

Mein Schicksal lag in meiner Hand, ich konnte mein Ich beherrschen lernen, wenn ich täglich einige Minuten erübrigte, um ein bestimmtes Wort zu wiederholen. Ein solches Wort hieß ein Mantra.

Beim Abendessen blieb die Gabel meines Mannes auf halber Höhe über einer Schüssel grünem Schleim in der Schwebe. »Was ist das denn?« fragte er.

»Passierter Salat. Ich habe die falsche Vorsatzscheibe vor die Küchenmaschine geschraubt. Wenn du ihn mit dem Löffel ißt, geht's leichter.«

»Weißt du eigentlich, wie lange es her ist, seit wir irgend etwas im Stück gegessen haben? Ich kriege überhaupt keine kompakte Nahrung mehr zu Gesicht. Und wenn ich sie schon nicht zu Gesicht kriege, könntest du an dieses Zeug wenigstens ein Etikett machen. Es gibt ein Bundesstaatsgesetz, wonach alle Nahrungsmittel etikettiert sein müssen!«

»Du brauchst mich nicht anzuschreien.«

»Einer muß ja schreien in diesem Haus. Abend für Abend liegt der ganze Tisch voller Schnittmuster, überall tritt man auf Nadeln. Tag und Nacht schwirren Küchenmaschinen. Gespenstisches Zeug kugelt im Kühlschrank herum. Ich werd' hier noch wahnsinnig.«

Während ich so dasaß und mir sein Gemecker anhörte, kam ich zu einer Erkenntnis. Er war *nicht* langmütig und freundlich. Er war *nicht* sanft. Er litt *nicht*, ohne zu klagen. Er war auch *nicht* häuslich und hatte *keine* schmale Taille.

UND DABEI LAGEN UNSERE GEBURTSTAGE NUR 48 STUNDEN AUSEINANDER. WIR WAREN UNTER DEM GLEICHEN STERNBILD GEBOREN!

Auf dem Weg ins Bett hob ich das Buch WEIT FORT IM FERNEN OSTEN vom Boden auf und knipste die Nachttischlampe an.

Es war Zeit, aus seinem Tierkreis zu springen und ein bißchen Selbstverwirklichung zu betreiben. Ich würde meinen inneren Frieden schon finden, und wenn ich ein paar Leuten das Genick brechen mußte!

8 Selbstbewußtsein, Marke Eigenbau

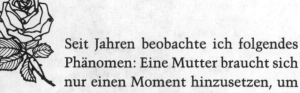 Seit Jahren beobachte ich folgendes
Phänomen: Eine Mutter braucht sich
nur einen Moment hinzusetzen, um
ihre Füße auszuruhen, schon wird über ein unsicht-
bares Netz per Leuchtschrift in die Welt hinausge-
funkt: Mutter sitzt! Auf, auf! Scheucht sie hoch!
Sofort klingelt es an der Tür, Kinder stürzen herein,
wesentliche Teile ihrer Anatomie, die verletzt sind,
mit den Händen umfassend. Der Hund kratzt wie
verrückt an irgendeinem Bein. Der Ehemann ruft
ungeduldig nach Beistand. Das Telefon klingelt zum
fünfzehnten Mal. Ein Topf kocht über. Ein Summer
ertönt. Überall im Haus laufen Wasserhähne, und
eine Stimme kreischt: »Wart nur, ich sag's Mami.«
Das Phänomen ›Mutter sitzt‹ ist wahrscheinlich einer der Gründe, warum sich das Meditieren bei Müttern nie so recht eingebürgert hat. Und dabei sind sie
es doch, die es am nötigsten hätten.
Ich weiß nur eines: Ich bin bestimmt die einzige Frau
der Welt, die Frieden und inneres Gleichgewicht

anstrebt und dabei vor lauter Brüllen Krampfadern im Hals entwickelt.

›Inneres Gleichgewicht‹ ist ein Problem für sich. Hatte es nicht geheißen, dazu brauche man ein Mantra, ein ständig wiederholtes Wort, das einen auf die Ebene der Ruhe erhob und einem unbegrenzte Kraft verlieh? Ich rief meine Tochter in der Schule an.

»Hast du damals beim Kauf des Buchs WEIT FORT IM FERNEN OSTEN auch gleich ein Mantra bekommen?«

»Klar hab' ich *keines* gekriegt. Und selbst wenn ich's gekriegt hätte, könnte ich nicht erlauben, daß du es benutzt. Die sind nämlich alle ganz persönlich, werden nur einem Menschen anvertraut und sind geheim. Die muß man sich kaufen.«

»Wieviel kostet so was?« fragte ich.

»Kommt drauf an, manchmal ein paar hundert Dollar.«

Ich hatte nicht vor, für ein Wort mehr zu zahlen als für meinen ersten Wagen. Als ich das eines Tages mit meiner Freundin Nathalie im Supermarkt besprach, sagte sie, sie besitze ein Mantra, das so gut wie neu sei. Sie hatte es – so teilte sie mir mit – nur die letzten drei Monate bis zu ihrer Scheidung rezitiert und wolle es mir für 12 Dollar überlassen.

»Was ist denn dran verkehrt?« fragte ich mißtrauisch.

»Nichts. Ich konnte nur mit andauernd gekreuzten Beinen den Haushalt nicht mehr in Ordnung halten.

Glaub mir, es funktioniert. Wann auch immer du dich einer Situation gegenübersiehst, bei der du dich innerlich verkrampfst, setz dich hin, wo du gerade bist, kreuze die Beine, dreh die Handflächen zur Decke, und sag dein Mantra auf, immer wieder.«

Am nächsten Tag betrat ich das Schlafzimmer meines Sohnes und wich vor einem Gestank bis an die Wand zurück. Ich brauchte 20 Minuten, ehe ich die Ursache entdeckte, aber schließlich fand ich sie doch. Unter einem Stapel Wäsche auf dem Stuhl lag eine Tüte für den Hund: ein Hühnerbein und ein Stück Brust, die er ihm von seinem Geburtstagsessen mitgebracht hatte. Sein Geburtstag war vor zwei Wochen.

Ich kam mir idiotisch vor, setzte mich aber mit gekreuzten Beinen auf sein Bett, drehte die Handflächen zur Decke und fing an, mein Wort zu murmeln. Da ging der Summer der Waschmaschine, und statt hinunterzulaufen und dem letzten Spülwasser einen Weichmacher zuzusetzen, wiederholte ich mein Wort.

Danach fühlte ich mich richtig erfrischt und gönnte mir – zum erstenmal seit langem – ein komplettes Frühstück mit Orangensaft, Toast und Kaffee.

Irgendwann später stellte ich fest, daß eines der Kinder den Telefonhörer nicht wieder aufgelegt hatte. Statt nun die Telefonschnur durchzubeißen, setzte ich mich im Türkensitz auf den Boden, meditierte und genehmigte mir anschließend ein Plätzchen und ein Glas Milch.

Am gleichen Tage merkte ich, als ich in mein Auto steigen wollte, daß jemand die Wagentür offengelassen hatte und die Batterie leer war. Ich ging in die Hocke, zitierte mein Mantra und erhob mich neugestärkt. Meine wiedergefundene Gelassenheit belohnte ich mit einem Stück Bananentorte. Als mein Mann heimkam, aß ich gerade eine Schüssel Kartoffelchips und trank kalorienarme Cola. »Sag mal, naschst du nicht ein bißchen viel herum in letzter Zeit?«

»Laß nur«, sagte ich, »ich habe mich vielleicht ein bißchen mehr gehenlassen als sonst, aber wenn schon . . .«

»Wenn du dich noch mehr gehenläßt, gehst du durch keine Tür mehr.«

»Sag was du willst, ich hab' jedenfalls meinen inneren Frieden.«

»Hoffentlich kannst du über all den Seelenfrieden noch deine Kleider anziehen«.

»Was du dir so einbildest! Wie viele Frauen kennst du denn, denen noch die Sachen passen, die sie als Jungverheiratete trugen?«

(Es stimmte, erst heute morgen hatte ich mein Umstandsmieder anprobiert, und es war mir glatt über die Hüften heruntergerutscht.)

Sogar die Jungen merkten, daß ich zunahm. Das Zusammenwirken von Daheimbleiben, vielem Alleinsein und völliger Entspanntheit verwandelte mich in eine Art Schlauchboot.

...s eines Nachmittags mein Sohn hereinplatzte, sagte er: »'tschuldige, Mom, ich wußte nicht, daß du meditierst.«

»Ich meditiere nicht.«

»Warum sitzt du dann mit gekreuzten Beinen auf der Couch?«

»Ich sitze nicht mit gekreuzten Beinen. Das sind meine Hüften.«

Als ich abends unter der Dusche hervortrat, betrachtete ich mein Spiegelbild. Das Soufflé meiner Jugend war zusammengefallen. Oh, diese Edith Marishna und ihre ›zusätzlichen Kräfte‹.«

Als ich wieder im Lotossitz saß, drängte sich mir eine brutale Erkenntnis auf: Nur noch ein Naturereignis würde mich wieder auf die Beine bringen.

Das war entmutigend. Kaum hatte ich meinen Kopf einigermaßen beisammen, ging mein Körper in die Binsen. Unfair, so etwas. Mein Leben lang hatte ich Diät gehalten. Es langweilte mich, darüber zu reden, langweilte mich, daran zu denken, ich hatte auch keine Lust mehr, meine nächste Mahlzeit zu planen.

Während ich so dasaß und den Bauch einzog und beobachtete, daß sich trotzdem nichts rührte, formte sich in meinem Geiste die zwölfte Weltreligion.

Eine Religion, gegründet im 20. Jahrhundert auf der Grundlage von vier unerfreulichen Wahrheiten.

Blusen, lässig über Hosen getragen, täuschen niemand.

Der Satz: ›Passend für alle Größen‹ ist unvoll-
ständig.
Nach dem Genuß von Schlagsahne geht das Leben
zwar weiter — aber gewichtiger.
Einen Kaftan stärken löst kein Problem.
Die Anhänger meiner neuen Religion würden sich
vielleicht *Fett*ischisten nennen. Zu ihnen gehören
würde jede Frau, die hungrig schlafen gegangen ist
und deren Lebensziel genügend weite Strumpfhosen
sind.
Andachts- oder Bußtag wäre natürlich der Montag —
was denn sonst?
Das tägliche Gebet würde lauten: Twig-gy . . . Twig-
gy . . . Twig-gy.
Schon sah ich, umgrollt von Donner, umzuckt von
Blitzen, die sechs Gebote für Fettischisten in Flam-
menschrift auf einem Salatkopf erscheinen.
Du sollst Braten- und Holländische Sauce nicht als
Getränk ansehen.
Du sollst für Schokolade nicht töten.
Du sollst Kindern nicht die Bonbons stehlen, die sie
an Wohnungstüren zusammengebettelt haben.
Du sollst keine anderen Spiegel neben meinem Spe-
zialspiegel haben.
Du sollst Magerquark nicht unnützlich im Munde
führen.
Du sollst nicht begehren deines nächsten Nach-
tisch.
Wenn wir uns zusammentaten, würden wir zahlen-

mäßig die Shintoisten, Konfuzianer, Hindus, ja sogar Moslems übertreffen. Unsere Anhänger würden sich die Erde untertan machen und das Wort verbreiten. Das Wort: *Hungern*. Einmal jährlich würden wir vielleicht sogar ein Opfer darbringen und ein großes gemischtes Eis mit Sahne von einer Felsklippe werfen. An diesem Tage würden wir ohnehin alle fasten. Wir würden unseren Glauben von den Angelegenheiten des Staates getrennt halten und uns nur dann in diese einmischen, wenn künstlicher Süßstoff verboten wurde.

Eben machten meine Anhänger mich auf zwei farbigen Glasfenstern unsterblich, da unterbrach mein Mann meine Meditation und riß mich in die Gegenwart zurück.

»Wieviel wiegst du denn eigentlich jetzt?«

Ich erstarrte. »Es gibt drei Dinge, die man eine Frau nicht fragen darf: ihr Alter, ihr Gewicht und das Datum der Zeitungen, mit denen sie den Küchenschrank ausgelegt hat.«

»Wenn du mich fragst, verbringst du zu viel Zeit mit deinem Beten und Essen. Du solltest mehr ausgehen – und dir ein bißchen Bewegung machen.«

Ich hatte es gewußt. Jetzt wartete ich nur noch darauf, wann er sein Steckenpferd besteigen würde, das Joggen. Es gibt auf der Welt keinen schlimmeren Prediger in der Wüste als einen Mann, der seit acht Jahren joggt. Der ruht nicht, bis seine Familie im Dunklen herumjagt, verfolgt von bissigen Hunden und Wagen ohne Nummernschilder. Die Joggers waren sich alle gleich, rasten jeden Morgen am Haus vorbei wie beim Einlauf der Olympioniken ins Stadion, und in all den Monaten, in denen sie am Haus vorbeikeuchten und -pusteten, schweißgebadet und mit krampfhaft sich hebender und senkender Brust, hatte ich keinen davon auch nur einmal lächeln sehen.

Nein, wenn ich schon Gewicht verlieren sollte, dann auf meine Art. Evelyn hatte eine neue Diät; sie hatte im Bridgeclub davon erzählt. Es schien für alle, die Diät halten mußten, ein regelrechter Knüller. Ich glaube, sie hatte den Titel erwähnt, er lautete ungefähr: »Nagt etwas an dir, oder ist es umgekehrt?« Evelyn war berufsmäßiger Diäthalter. Sie hatte noch keine Diät ausgelassen. Im Lauf ihres Lebens hatte sie 3000 Pfund verloren. Das meiste davon an Hals und Büste.

In ihrer Küche standen lauter Bücher mit faszinierenden Titels im Fach, alles Bestseller, z. B. DAS NEUROSEN-KOCHBUCH!

Die Neigung zu Paranoia wird man niemals los. Zweihundert Seiten neue, kalorienarme Gerichte für Gruppentherapie-Picknicks sowie kleine Imbisse gegen postnatale Depressionen.

HABEN SIE SCHON MAL EINE FETTE SPRINGMAUS GESEHEN? Ein provozierender Titel für ein Buch, in dem es hieß, daß Sex schlank macht, weil man dabei 31955 Kalorien pro Jahr verbraucht.

Durch tägliches Küssen (jedesmal neun Kalorien) und zwei amouröse Episoden pro Woche (je 212 Kalorien) wäre es durchaus im Bereich des Möglichen 9 Pfund jährlich abzunehmen.

DAS MEXIKANISCHE SCHNELLPROGRAMM ZUM ABNEHMEN

Es war leicht zu befolgen. Man reiste nach Mexiko, trank ein Glas Wasser und aß einen Kopfsalat. Bequeme Schuhe zum Hin- und Herwandern anziehen!

Es gab noch Dutzende anderer, von DR. WITHE-RALLS SPEISEEISDIÄT bis zu WIE ÜBERSTEHE ICH DEN BESUCH VON MUTTI MIT 1000 KALORIEN TÄGLICH!

Ich nahm als erstes NAGT ETWAS AN DIR ODER IST ES UMGEKEHRT zur Hand. »Klappt das mit dieser Diät?« fragte ich Evelyn.

Sie runzelte die Stirn. »Ist das nicht die von Dr. Barnhiser, bei der es heißt: wenn du so hungrig wirst, daß du es nicht mehr aushältst, steig in deinen Wagen und fahr herum, bis du auf ein Hindernis stößt?«

»Nein, ich glaube nicht,« sagte ich, »es ist die, bei der die Emotionen diktieren, *was* man ißt.«

»Ach ja, jetzt weiß ich es wieder«, sagte sie. »Ich hab' dabei fünf Pfund und drei Freundinnen verloren. Hör mal, wenn es dir ernst ist mit dem Abnehmen, komm doch zu den Treffen von ADUMUZ.«

»Adumuz?« fragte ich vorsichtig.

»Ja, die Abkürzung für *Abnehmen durch Unappetitliche Mahlzeiten und Zwang.*«

»Ist das eine Art Gruppentherapie?«

»Genau«, sagte Evelyn. »Einmal die Woche gehst du zu einer öffentlichen Versammlung, dort fällst du vor der Gruppe auf die Knie und bekennst deine Kaloriensünden. Die Gruppenleiterin wendet sich entweder angewidert von dir ab, oder sie belohnt dich mit einem Leber-Trank. Hast du zugenommen, mußt du eine Woche lang eine Kegelkugel um den Hals tragen.«

»Klingt ganz vernünftig«, sagte ich. »Vielleicht gehe ich wirklich hin.«

ADAMUZ tagte wenige Häuserblocks von mir einmal die Woche. Ich machte mich dort mit einer Gruppe von Mitgliedern bekannt, die sich im Korridor aufhielten, Entwässerungspillen in den Mund steckten und ihren Schmuck abnahmen, ehe sie zum Wiegen gingen.

Nach einem jugendfreien Film ›Geburt eines Éclairs‹ begann unsere Leiterin – sie hieß Frances – mit der Diskussion. Thema: das vielverleumdete Grundnahrungsmittel der ADUMUZ-Diät: Leber.

»Damit diese Diät zum Tragen kommen kann«, sagte sie, »muß jeder von uns mindestens ein Pfund Leber wöchentlich zu sich nehmen.« Wie wir sie maskierten, war ihr gleich.

Schon früh im Leben hatte ich mit mir selbst ein Abkommen getroffen. Ich wollte niemals etwas essen, was sich

a) beim Kochen bewegte

b) den Hund aufregte

c) sich aufblähte, wenn meine Zähne es berührten.
Es war mir gleich, ob ich bei der ADUMUZ-Diät
verhungerte; aber etwas zu essen, bei dem man sich
entschuldigen muß, wenn es auf den Boden fällt,
brachte ich nicht über mich.

Drei Wochen lang machte ich beim ADUMUZ-Pro-
gramm mit. In dieser Zeit stellte ich mit Leber so
ungefähr alles an, außer ihr ein Kleid überzuziehen.
Das Ergebnis war gleich Null.

Außerdem hatte ich nur anderthalb Pfund abgenom-
men, und das wahrscheinlich infolge seltenerer Gän-
ge zum Eisschrank. (Die waren mühsamer, seit mir
die Kegelkugel auf den großen Zeh gefallen war.)

Es lag klar auf der Hand, auf welche Weise ich abnehmen konnte. Ich mußte mit Meditieren aufhören.
Das war schade, denn ich genoß es sehr, in Streß-
Situationen mit gekreuzten Beinen dazusitzen und
allem Klingeln, Summen, Schreien, Drohen der Fa-
milien-Mafia, die Mütter zum Aufspringen bringen
will, die Stirn zu bieten.

Mit aufrichtigem Bedauern suchte ich meine Freundin Donna auf, um mich zu erkundigen, ob sie nicht
für 8 Dollar mein Mantra kaufen wollte.

Als ich sie verließ, saß sie mit gekreuzten Beinen auf
dem Boden, die Handflächen zur Decke gekehrt, den
Kopf in den Nacken gelegt. Sie betete halblaut: Paulnewman, Paulnewman, Paulnewman . . .«

Ich ging rasch, eh ich es mir anders überlegen konnte.

Das
9 Große Goldene
Buch des Jogging

Jim Fixits Beine waren das erste, was ich morgens, und das letzte, was ich abends sah.

Sie waren auf dem Schutzumschlag seines Bestsellers DAS GROSSE GOLDENE BUCH DES JOGGING. Die letzten zwei Jahre war mein Mann ein getreuer Jünger des St. James Fixit gewesen. Er aß Jims Frühstücksflocken, machte Jims Warmlaufübungen, befolgte sein Programm in jedem Punkt, lief, wann immer es möglich war, Jimmys Rennen mit und stellte sich gelegentlich, wenn er glaubte, keiner sähe es, vor dem Spiegel so in Positur wie auf dem Titelbild des Buches.

Brütete er nicht gerade über diesem Werk, so lag es griffbereit auf dem Nachttisch neben unserem Ehebett, gleich neben der muskelentspannenden Einreibesalbe.

Mein Mann war sich über meine Einstellung zu körperlicher Fitneß durchaus klar. Ich hasse Skifahren und ähnliche Sportarten, bei denen der Krankenwagen schon am Fuß des Abhangs wartet. Als Golf-spielerin mit Rechtsdrall fühlte ich mich beim Spielen sehr einsam. Und mir war schon vor langer Zeit klargeworden, daß der liebe Gott mir, hätte er mich als Tennisspielerin programmiert, weniger Beine und mehr Raum zur Unterbringung des Tennisballs mitgegeben hätte.

Trotzdem wußte ich, es war nur mehr eine Zeitfrage, bis er davon anfing, daß mein innerer Friede mir äußeres Fett angemästet hätte, und versuchen würde, mich zum Joggen zu bekehren.

So waren Jogger eben. In keiner anderen Sportart gibt es so viele Apostel und Bekehrer. Sie sprechen von nichts anderem. Die Kinder der Jogger hocken in kleinen Gruppen beieinander und tuscheln: »Sag doch mal, wer hat dir von Jogging erzählt, deine Mami oder dein Papi? Oder hast du's von den Straßenkindern?«

Kam eine Gruppe von vier zusammen, eröffnete einer die Unterhaltung mit: »Wo waren Sie und was taten Sie gerade, als Sie hörten, daß Bill Rogers den Boston Marathon gewonnen hat. Ich weiß noch, ich wusch mir gerade die Haare, als die Nachricht im Radio kam.«

Als ich eines Abends mit einem Freund meines Mannes tanzte, flüsterte er mir zu: »Selbstverständlich könnte ich am Wochenende mit Ihnen joggen, aber hätten Sie dann am nächsten Morgen noch Achtung vor mir?«

Sie gaben an mit den Blasen, die sie sich gelaufen hatten, mit ihren gezerrten Achillesfersen, ihren Knorpelprellungen, Schleimbeutelentzündungen, Muskelrissen und Rückenschmerzen. Ihre Geschichten waren so, daß man bedauerte, den Zweiten Weltkrieg verpaßt zu haben.

Jeden Morgen beobachtete ich die Jogger aus meinem Küchenfenster. Sie sahen aus wie ein organisierter Todesmarsch, wenn sie mit ihren schweißnassen, schmerzverzerrten Gesichtern vorüberkeuchten und -wankten. Es kam mir nie auch nur der leiseste Wunsch, mitzumachen. Als ich eines Abends ins Bett kroch, warf ich versehentlich mein Kräuterbier um, es floß über Jim Fixits Buch. Entsetzt griff mein Mann danach und wischte den Schutzumschlag mit dem Pyjamaärmel trocken.

Ich war darauf gefaßt, daß jetzt die übliche Predigt käme, der Sermon über das Thema »Du wärst ein anderer Mensch, wenn du um halb sechs Uhr früh aufstehen und 15 km laufen würdest.« Aber mein Mann schwieg bedeutungsvoll.

Ich belohnte meine Frustrationen weiterhin mit Essen, und er lief weiter täglich und prahlte mit seinem Jogger-Ellbogen (den hatte er sich an der Kreuzung an einem Stoppschild angehauen). Eines Morgens, nach dem Laufen, fragte er strahlend: »Rate mal, wen ich im Park habe laufen sehn.«

Noch ehe ich antworten konnte, kam es: »Louise Cremshaw. Erinnerst du dich noch an sie?«

Louise Cremshaw! Wir pflegten ihr überallhin zu folgen, wenn wir Schatten haben wollten. »Klar erinnere ich mich an Louise«, sagte ich. »Sie war die einzige in unserer Klasse, die zur Abschlußfeier die Ärmel ihres Kleides weiter machen lassen mußte.«

»Jetzt nicht mehr«, sagte er und griff nach der Pakkung von Jim Fixits Frühstücksflocken. »Die läuft jetzt und ist einfach eine Wucht.«

Damit hatte er es geschafft. »Meinetwegen«, sagte ich und warf das Handtuch (ein Geschirrhandtuch übrigens). »Du hast gewonnen. Du hast die Schranke des gesunden Menschenverstandes bei mir niedergerissen. Du hast mich überzeugt. Ich werde anfangen zu joggen. Jetzt sag mir nur noch, welche Kapitel im GROSSEN GOLDENEN BUCH DES JOGGING ich als erstes lesen muß.«

»Ach, es gibt da eine Menge Bücher, die du lesen könntest«, wich er aus. »VERINNERLICHTES LAUFEN von Tad Victor. Das ist der, der auch VERINNERLICHTES KEGELN, VERINNERLICHTES ROLLSCHUHLAUFEN und VERINNERLICHTES GOLF geschrieben hat.«

»Wieso darf ich denn das GROSSE GOLDENE BUCH DES JOGGINGS nicht lesen?«

»Warte ab, bis es dir damit ernst ist. Außerdem mußt du erst gehen lernen, ehe du joggen kannst.«

In VERINNERLICHTES LAUFEN hieß es, ich hätte zwei Menschen in mir (mein Bauch sah ja tatsächlich so aus). Der äußere Mensch sei ganz instinktiv auf

Wettbewerbsdenken eingestellt. Der innere Mensch aber brauche Bestätigung. Ich müsse lernen, mich zu konzentrieren, und dabei alle Zweifel an der eigenen Person und ihren Fähigkeiten ablegen.

Es hätten, hieß es weiter, bereits eine Menge Sportler die Verinnerlichungstheorie praktiziert, deren Leitsatz lautet: In deinem Inneren ist ein besseres Ich, als du bisher geglaubt hast.

Ich las von Skifahrern, die dieser Theorie anhingen und die Hubbel auf der Piste nicht als etwas Feindliches, sondern etwas Freundliches ansahen. Sie fuhren darüber und sagten, »danke, Hubbel«.

Ich las von Keglern, die den Ball in die Rinne besorgten und dann sagten, »Danke, Rinne, daß du da warst.« Von Golfspielern, die zwar keine Pokale gewannen, aber dankbar waren, wenn der Ball nicht gerade mitten auf der Schnellstraße landete.

Zwischen den Zeilen aber stand, daß ich erst mal psychisch aufgebaut werden müsse, um mit dem Zu-Fuß-Gehen anzufangen.

Hatte ich einen Kiesel im Schuh, sagte ich: »Danke, lieber Stein, daß du mir beinah die Zehe vom Fuß getrennt hast.«

Als mich ein Wagen mit dem Aufkleber: WER SUCHT, DER FINDET fast in den Graben schubste, sagte ich: »Danke, lieber Wagen, daß du mich nicht auf den Kühler gehoben hast, um jedermann zu zeigen, WAS du heute gefunden hast.«

Als ich in unsere Garage einbog, sagte mein Mann: »Ich dachte, du willst das Zu-Fuß-Gehen üben?«

»Bin ja zu Fuß gegangen«, keuchte ich, »bis ich keine Hundekuchen mehr hatte, um mir die Köter vom Leibe zu halten.«

Jetzt, fand er, sei ich reif für Jim Fixit's Buch. Abends brachte er es an den Eßtisch und legte es behutsam vor mich hin wie ein Heiligtum. Dem Anlaß entsprechend beugte ich die Knie und sprach ein kurzes Gebet.

Das Großartige beim Joggen ist seine rein sportliche Natur. Man ist allein mit seinen ausgefransten Turnschuhen, kurzer Hose, ein Stück einsamer Rennstrecke vor sich. Das war schön.

Es hätte tadellos geklappt, wären Laufhosen mit Gummiverstärkung über Bauch und Hüften im Handel gewesen. Aber meine Beine vom Knie aufwärts konnte ich nun wirklich nicht zeigen. Ich kaufte daher einen Trainingsanzug aus rosa Samt für 65 Dollar.

Mit den Schuhen war es kniffliger. Es gab 147 Modelle, alle zwischen 40 und 80 Dollar. Ich wählte ein Paar ohne jegliche Fußstütze, aber mit rosa Schnürsenkeln genau im Ton meines rosa Samtanzugs (tolles Glück gehabt, was?) Meine Handtasche paßte auch einigermaßen dazu.

Aber der Schlager war und blieb das Stück einsame Rennstrecke. Die Straße vor meinem Haus kam selbstverständlich nicht in Frage, weil dort alle Jogger vor Hunden und Wagen flüchteten.

Mein Mann riet mir, ein Trainingstagebuch anzulegen, welche Entfernungen ich in welcher Zeit zurücklegte, und war gern erbötig, mich zum Radfahrweg am Kanal zu bringen.

Ich hatte scharfes, anhaltendes Seitenstechen, erinnerte mich aber, bei Mr. Fixit irgendwo gelesen zu haben: »An Seitenstechen ist noch keiner gestorben«, und atmete tief, wobei ich noch Zeit für ein hastig gemurmeltes »danke, liebes Seitenstechen« fand.

»Hast du was gesagt?« fragte mein Mann.

Ich sagte ihm, ich hätte Seitenstechen, aber das würde sicherlich vergehen, wenn ich es als Freund ansähe. Er meinte, was mich zwickte, sei wohl eher die Sonnenbrille, die ich mir an den Hosenbund gehängt hätte, und der Schmerz würde beim Aussteigen vergehen. Wir parkten den Wagen, und ich sah mir den Radfahrweg an. Ich hatte schon einsamere Rennstrecken gesehen.

»Was sind das alles für Leute?« fragte ich.

»Das sind die Rollschuhläufer, Radler, Skateboardfahrer, Drachensteiger und Jogger.« Die Jogger fielen einem sofort ins Auge. Sie standen in einer Duftwolke von Einreibsalbe, bückten und streckten sich abwechselnd und sprachen fließend joggerisch über Euphorie, Milchsäureaustausch, Punktsystem und Anaerobische Übungen. Es unterschied sie etwas von allen anderen, was ich nicht sofort erkannte. Dann dämmerte es mir: keiner von ihnen war schwerer als 80 Pfund. Ich kam mir vor wie ein Meilenstein an einer Prozessionsstraße.

Einige Stunden später schleppte ich mich in Ednas Küche, wo sie gerade Geschirr wusch. »Was ist denn los?« fragte sie.

»Ich weiß nicht genau. Entweder bin ich euphorisch und *high*, oder ich brüte eine Grippe aus. Kann ich bitte die Reste von den Pommes frites haben?«

»Ich dachte, du mußt auf dein Gewicht achten?«

»Ja, aber ich horte Kohlehydrate. Ich sage dir, Edna, ich habe es satt, zufrieden mit mir zu sein. Der sogenannte innere Seelenfrieden kann nur eines: mir Appetit machen. Du meinst, warum ich dir das so offen sage? Mein Inneres liegt eben vor euch wie ein offenes Buch.«

»Stimmt gar nicht«, sagte Edna, und stellte die ge-spülten Teller auf zum Abtropfen. »Du bist äußerst konservativ und behältst dein Privatleben für dich. Du gibst dir größte Mühe, nie etwas über dich zu verraten. Dadurch haben die, dir helfen wollen, es sehr schwer.«

»Wer behauptet das?«

»Das erkenne ich an der Art, wie du immer mit dem ganzen Körper zur Tür zeigst und deine Knie und Füße steif hältst.«

»Edna, mein ganzer Körper ist steif, weil ich von Kopf bis Fuß mit Vaseline beschmiert bin und an Morton's Zeh leide.«

»Was ist Morton's Zeh?«

»Das ist Joggerlatein. Es bedeutet, daß meine zweite Zehe länger ist als meine große, daß sie entzündlich gerötet ist und jeden Moment abfallen kann.«

»Hat dir nie jemand gesagt, daß du eine schlechte Körpersprache sprichst?«

»Schlechte Körpersprache? Willst du mich aufheitern?«

»Nein, ich meine es ernst. Wenn ich eine Frau sehe, die so sitzt wie du, weiß ich sofort, das ist eine Frau mit sexuellen Hemmungen, defensiv, introvertiert und neuen Ideen nicht zugänglich.«

»Und das alles weißt du, wenn du mich nur anschaust?«

»Aber ja doch. Ich kann dir auch sagen, daß Bello«, sie zeigte auf ihren Hund, »unerfüllt und unruhig ist und Angst und Frust abreagiert.«

Ich schüttelte ungläubig den Kopf. »Das ist ja wirklich toll. Wie hast du denn das herausgekriegt?«

»Er hat eben auf deinen Schuh gepinkelt.«

Ich ging nach Hause, hinkte ins Schlafzimmer und nahm mein Jogger-Tagebuch zur Hand. Auf Seite 1 schrieb ich das Datum und darunter: »Erma begann mit dem Training und beließ es dann bei der alten Kondition.« Dann schlug ich es zu.

Dicht daneben lag Jim Fixit's Buch auf dem Nachttisch. Ich betrachtete mir den Einband, stellte mich vor den Spiegel und hielt meine Beine so wie er. Meine Schuhe zu 40 Dollar waren bespritzt von Dreck und Bello. Die rosa Senkel hingen trübselig herab, und auf meinen schönen rosa Samthosen waren Ölspritzer.

Ich zog die Hosenbeine hoch:

Meine Beine sahen *nicht* aus wie die von Mr. Fixit.

Wie sage
ich meiner besten
Freundin, daß ihre
Körpersprache
schlecht ist?

Vermutlich war es purer Zufall, daß einer von den Jungen, die einem die Einkäufe zum Wagen tragen, auf mein Nummernschild wies und sagte: »Versteh' ich nich'. TZE 403, was heißt'n das?«

»Das ist mein Kennzeichen«, sagte ich.

»Das weiß ich auch, aber das gibt doch kein' Sinn.«

»Soll es das denn?«

»Klar. Sie sind der einzige Fahrer, den ich kenn', der nich' was Gescheites auf dem Nummernschild hat. Irgendwas Ulkiges, mein' ich.«

Ich sah die Reihe der parkenden Wagen hinauf und hinunter. Sie waren alle witzig. *E-Z-Duz it, I. M. Cute, Say Aaah, Paid 4, 2 Close Call me* und *I drink*.

»Meine Mutter hat sich g'rad neue Schilder besorgt«, sagt er. »Sie hat jetzt 28-36-42. Ich weiß, was Sie denken, aber die guten Zahlen war'n alle schon wech.« Er knallte den Kofferdeckel zu. »Sie ha'm ja nicht mal einen Aufkleber für irgendwas. Das ist aber selten.«

Auf dem Heimweg nahm ich jeden mir begegnenden Wagen aufs Korn. Der Junge hatte recht. Beim ersten Blick schon wußte man, für wen der Fahrer stimmte, wen er zu wählen gedachte, welches religiöse Bekenntnis er hatte, man kannte sein College, seinen Club, seine Devise und sein Motto.

Möglicherweise hatte Edna recht. Vielleicht schirmte ich meine Privatsphäre zu stark nach außen ab. Wenn ich es bedachte, hatte ich ja nicht mal C-B-Funk, um mich mit anderen Fahrern zu unterhalten. Nie gab ich Häusern oder Blockhütten pfiffige Namen wie Gästeheim Tautropfen, nie hatte ich meine Initialen in Gold um den Hals getragen, nirgends mein Monogramm, weder auf Blusen, noch auf Frotteetüchern oder auf dem Briefpapier. Ich war grundsätzlich gegen Namensschilder. Einmal, als mir eine Frau ein gummiertes Schild »Hallo! Ich heiße Erma« auf den linken Busen pappte, beugte ich mich ganz nah zu ihr und fragte: »Und wie nennen wir den anderen?«

Ich hatte ferner keinen Anrufbeantworter, von dessen Band es tönte: »Hallo-hallo. Wie nett, daß Sie angerufen haben. Am Ende des Summtons sagen Sie mir, woher Sie sind, dann rufe ich zurück und sage Ihnen, wo es liegt.«

Wenn dann der Summton endete, erlitt ich gewöhnlich einen Herzstillstand bei der Anstrengung, meinen Namen zu nennen und meine Telefonnummer von meinem Apparat abzulesen. Einmal rief ich meine Mutter an und buchstabierte meinen Nachnamen. Einmal fand ich einen Zettel, ich solle jemand zurückrufen und wählte. Eine ölige Stimme sagte schwer atmend: »Ich hab's ja gewußt, Süße, daß du zurückrufen wirst. Ich bin nur eben mal weg, um deinen Lieblingswein zu besorgen. Der Schlüssel liegt an der üblichen Stelle. Nach dem Summton sag mir bitte, um wieviel Uhr du hier sein kannst.«

Kein Mensch war mehr ein Geheimnis. Die T-Shirt-Mode war ausgeufert. An einem einzigen Tag begegneten mir drei Anträge, vier Deklarationen, zwei obszöne Einladungen und ein so schlimmes Wort, daß ich den Wagen anhielt und dem Mädchen eine Decke umlegte.

Eines Tages war Mutter bei mir, als wir bei Rotlicht halten mußten und eine kräftig gebaute Blondine vor uns die Straße querte. Ihre Jeans waren so eng, daß ihre Hüftknochen vorstanden wie die Handtuchhalter. Auf ihrem T-Shirt stand in großen, ins Auge fallenden Buchstaben: DIESE FLÄCHE IST ZU VERMIETEN.

Eine Minute lang sagte keiner von uns ein Wort. Dann meinte Mutter: »Das nenne ich Werbung an hervorstechender Stelle.«

Nun, auch ich konnte keß sein, wenn ich wollte. Eben jetzt mußten meine Autokennzeichen erneuert werden. Diesmal würde ich mir ganz was Tolles aussuchen. »Mit wieviel Buchstaben müssen wir auskommen?« fragte mein Mann.

»Mit sechs«, sagte ich.

»Mensch, die Wucht«, sagte mein Sohn. »Wie wär's denn mit OBACHT!«

»Kinder«, sagte ich, »ich möchte bitte kein Schild, bei dem mich die Leute mit 150 überholen, nur um zu sehen, welcher Spinner denn da am Steuer sitzt. Ich denke mehr an ein Nummernschild, das mir ein Image gibt, eine Art Identifikation, die sich nur auf mich bezieht.«

»›Hauskuli‹ hat wohl zuviel Buchstaben, was?« fragte mein Sohn.

Wir müssen an die zwei Stunden dagesessen haben, ehe wir alle Kombinationen mit 6 Buchstaben durchprobiert hatten. Schließlich sagte ich: »Ich hab's. Wie wäre es mit Vit B 12? Was meint ihr?«

»Damit hättest du ein Problem gelöst: die Kinder werden sich nie wieder deinen Wagen borgen«, sagte mein Mann.

Die personenbezogenen Nummernschilder waren ein Schritt in die richtige Richtung, kein Mysterium zu bleiben. Weniger gern wollte ich, daß die Leute mich von Kopf bis Fuß ›deuteten‹. Das war dem Buch nach zu urteilen, das mir Edna geliehen hatte (KÖRPERSPRACHE SPRICHT JEDER) gar nicht schwer.

Frauen, die bei Kälte die Beine übereinanderschlagen, zeigen dadurch an, daß sie Beachtung wollen. Bei Hitze jedoch war es reine Angabe.

Ärzte, die mit dem Bleistift klopfen, wollen sich dadurch die beruhigende Gewißheit verschaffen, daß sie ihn nicht während einer Untersuchung verloren haben.

Männer, die auf Geschäftsreisen in fremden Städten den Ehering ablegen, deuten dadurch an, daß sie lebensüberdrüssig sind.

Frauen, die Sprechmuscheln zuhalten, während der Teilnehmer am anderen Ende spricht, hören etwas, was sie nicht hören sollten.

Zähne, die in die Hand eines Zahnarztes geschlagen werden, drücken entschiedene Feindseligkeit aus.

Aber selbstverständlich hatte die Sache ihre zwei Seiten. Wenn ich die Körpersprache lernte, würde ich deuten können, was andere dachten, ohne daß sie ein Wort äußerten. Ein ganzes Kapitel im Buch behandelte die fast unmerklichen Zeichen, die Männer und Frauen einander machen, wenn sie zu einander streben.

Für dieses Thema konnte ich nicht einmal mehr mein Gedächtnis heranziehen. Es war zu lange her. Ich hätte keine Chance mehr erkannt, auch wenn ich mit der Nase darauf stieß.

KÖRPERSPRACHE SPRICHT JEDER machte mich zu einer Autorität. Ich glaubte jede leise Andeutung übersetzen zu können, die das andere Geschlecht auf mich abfeuerte. Auszuprobieren, ob es auch stimmte, hatte ich keine Gelegenheit. Bis Mayva und ich beim Einkaufen zusammen einen Happen essen gingen.

An einem Tisch unweit von uns saßen zwei Herren, die uns Blicke zuwarfen.

»Schau ja nicht hin«, sagte ich, ohne die Lippen zu bewegen. »Ich sage dir, einer Frau, die Lippenstift benutzt hat, heben die Männer in Gedanken den Rock zwanzig Zentimeter in die Höhe . . .«

Mayva wühlte in ihrer Handtasche. »Ja, hab' ich denn noch welchen drauf?«

»Wenn du ihnen in die Augen schaust und ihre Pupillen erweitern sich, bist du dran!«

»Weißt du noch mehr so tolle Sachen?«

»Ja. Daß sich beim Flirten die Tränensäcke glätten, das Doppelkinn strafft, die Schultern gerade richten und man den Bauch einzieht, ohne es zu wissen. Und wenn man die Brille aufsetzt, sieht man intelligenter aus als sonst.«

Mayva stieß einen spitzen Schrei aus. »Was hab' ich gesagt? Schnell. Einer von den beiden kommt auf uns zu.«

»Hast du vielleicht die Beine übereinandergeschlagen?« flüsterte ich. »Das ist eine Aufforderung. Oder die Jacke aufgeknöpft? Oder bist dir mit der Zungenspitze über die Lippen gefahren? Sag bloß noch, daß du dir mit der Zungenspitze über die Lippen gefahren bist?«

»Jedenfalls nicht bewußt!« sagte Mayva.

»Dann schau auf deinen Teller. Wir wollen versuchen, unsere Körpersignale rückgängig zu machen.«

Ein Schatten kam an unserem Tisch vorbei und verschwand. Mayva sah mich verächtlich an. »Die

Körpersprache von dem, der eben vorkam, hab' ich verstanden. Sie lautet: ›Reg dich ab, ich will nur auf die To.‹«

Manchmal konnte einem Mayva wirklich den Nerv töten. Sie konnte davon halten, was sie wollte, ich war weiterhin der Ansicht, Körpersprache zu verstehen, sei ein echtes Plus. Insbesondere was die Körpersprache von Lehrkräften betrifft. Junge, Junge, diese Sprache brauchte ich. Zwei meiner Kinder gingen noch in die High School, und ohne Dolmetscher war ich offen gestanden verratzt.

Mir ist unklar, was eigentlich im Schulwesen passiert ist, aber im Lauf der letzten Jahre fiel es mir immer schwerer, die Lehrkräfte zu begreifen. Ich verstand neuerdings kaum noch ein Wort von dem, was sie zu mir sagten. Der Elternsprechtag letztes Jahr war ein echter Alptraum.

Kaum saß ich neben dem Pult, da putzte Mrs. Vucci ihre Brille und sprach: »Nun wollen wir uns ansehen, wie die Beurteilungen von Bruces Lehrkräften lauten. Dem Bericht von Tutor Weems zufolge ist Begabungspotential vorhanden, die Ansätze für korrigierendes Feedback aber sind in jeder Hinsicht unterentwickelt. Somit haben wir deutlich ein Kind vor uns, dem der Zugang zur sozialen Interaktion fehlt.«

Ich nickte stumm.

»Mrs. Wormstead sagt, daß er durch curriculare Variationen nicht stärker motiviert wird. Da sie auf jeden Fall verhindern will, daß er in einem hermetischen System stagniert, versucht sie seine Eigensteuerung zu stimulieren. Mrs. Rensler schreibt hier, er habe Probleme mit den erforderlichen Modifikationen des Lernverhaltens. Man versucht es jetzt mit einem modularflexiblen Stundenplan, was hoffentlich zu Ergebnissen führt.

Ich persönlich finde, wir sollten dieses Phänomen einer ernsten Prüfung unterziehen«, fuhr sie fort, »es ist schwer zu sagen, was für seine Apathie ausschlaggebend ist, aber ehe die Polarisierung der Leistungsebenen eintritt, werden wir Bruce dahingehend beraten, daß er sein Potential aktivieren und greifbare Lernziele erreichen kann.«

Ich hatte kein Wort verstanden.

»Haben Sie irgendwelche Fragen?« fragte sie in mein Schweigen hinein.

Ich schüttelte den Kopf. Sie würde die Fragen, ich die Antworten nicht verstanden haben. Wir ergänzten uns großartig.

Bei der Körpersprache blieb mir wenigstens noch eine letzte Chance. In ein paar Wochen war wieder Elternsprechtag, da wollte ich vorbereitet sein.

Um halb acht war ich bestellt. Ich kam zu früh. Als ich den Kopf ins Zimmer streckte, sagte Mrs. Lutz, ohne von ihrem Katheder aufzublicken »Ich weiß, man fürchtet sich immer ein bißchen vor diesen Sitzungen, hab' ich recht?«

»Woran merken Sie das?« sagte ich und lächelte.

»An der Art, wie Sie zögern, voll in die Tür zu treten,

und sich vorsichtig ins Zimmer zu schleichen versuchen.«

Ich setzte mich auf den Rand des Stuhls. Sie blickte über ihre Halbgläser und meinte: »Sie brauchen sich nicht zu verkrampfen, lehnen Sie sich an, und seien Sie gemütlich.«

»Ich bin gemütlich«, sagte ich rasch.

»Kein Mensch ist gemütlich, der auf der Stuhlkante sitzt. Machen Sie sich keine Sorgen, so schlimm ist es nun auch wieder nicht.«

»Ich glaube ja gar nicht, daß es schlimm ist.«

»Doch, doch«, verbesserte sie. »Ich sehe es an der Art, wie Sie die Füße um die Stuhlbeine schlingen.«

Hier lief offensichtlich etwas verkehrt! Nicht sie sollte *meine* Körpersprache deuten, sondern ich *ihre*. Aber ich konnte es nicht ändern. Je mehr sie redete, desto schwerer fiel es mir, meinen Körper vom Reden abzuhalten. Als sie den Aufsatz meines Sohnes »Anatomie eines Rülpsers« herauszog, sank ich in Embryostellung in mich zusammen und ließ den Kopf hängen. Als sie mir mitteilte, daß er nicht nur vorschriftswidrig vor der Schule geparkt, sondern auch noch zu den Aufsichtsbeamten gesagt hatte, er halte dies für den Lieferanteneingang, machte ich mir eine Halskette aus ihren Büroklammern und kaute meine Nägel blutig.

Als sie mir endlich mitteilte, die Tests zeigten deutlich, daß der künftige Beruf meines Sohnes der eines Schafhirten sei, hatte ich sämtliche Vokabeln der Körpersprache aufgebraucht.

Es war sinnlos, sich etwas vorzumachen. Sie fragte mich, ob mein Sohn und ich eine enge Bindung zueinander hätten. Das schon, sagte ich nervös, aber nur infolge früher Eheschließung. Sie sagte, das meine sie nicht, und versuche nur klarzustellen, welche Eltern-Kind-Beziehung hier vorliege.

Da brach es aus mir heraus. Ich sagte ihr, keines meiner Kinder verstünde eine Mutter in meinem Alter. Sie sprächen zwar mit mir, hörten aber nie zu. Außerdem hätten sie nie Zeit. Ich sagte schon gar nichts mehr, ich bekäme ohnehin nur eine Standpauke. Nie nähmen sie meine Partei. An allem und jedem war ich schuld. Nie ließen sie mich Verantwortung übernehmen für etwas, das ich schon selber konnte. Sie kritisierten immer nur. Ich beugte mich etwas vor. ». . . und wissen Sie, was ich glaube, sie spionieren mir nach, Mrs. Lutz«, sagte ich heftig, »sie behandeln mich wie eine Erwachsene!«

Sie schlug die Akte meines Sohnes zu und lehnte sich zurück.

»Sie sind nicht die einzige Mutter, die Probleme hat, weil ihre Kinder sie nicht verstehen«, sagte sie. »Es gibt jetzt ein umfassendes Nachschlagewerk mit dem Titel: WIE ERZIEHE ICH MEINE ELTERN. Ich weiß nicht, ob Sie Ihre Kinder dazu bringen können, es zu lesen, doch wenigstens Sie selbst bekämen dadurch mehr Verständnis, *warum* sie all das tun und sagen.«

Ich wollte aufstehen und gehen.

»Vergessen Sie Ihre Füße nicht«, mahnte Mrs. Lutz und nickte in Richtung meiner Beine, die immer noch um die Stuhlbeine geschlungen waren. »Das könnte man sonst als übertriebene Körpersprache deuten.«

Ich lächelte leicht blasiert. »Auch ich verstehe mich ein bißchen auf Körpersprache«, verkündete ich nicht ohne Stolz. »Während Sie mich beobachteten, habe ich in Wirklichkeit Sie beobachtet. Ich bin zu dem Schluß gekommen, daß Sie eine ausgezeichnete Lehrkraft sind, ausgeglichen, jeder Situation gewachsen, und daß Sie noch lange hier bleiben werden.«

»Stimmt nicht«, sagte sie und erhob sich schwerfällig von ihrem Sessel. »Ich bin im achten Monat und trete nächste Woche meinen Mutterschutzurlaub an.«

Manche Körper täuschen eben sehr.

 Wie erziehe ich meine Eltern

Das Schlimme bei meinen Kindern ist, sie lesen zu viele kluge Bücher über Elternpsychologie. Sie haben immer geglaubt, alles Nötige zu wissen, und kannten dabei nicht einmal mich. Sie verbesserten meine Ausdrucksweise in Gegenwart meiner Freundinnen. Sie fanden meine Kleider zu jugendlich, sie frotzelten mich wegen meiner kurzen Haare und gaben sich nie Mühe, meine Probleme auch nur zur Kenntnis zu nehmen.

Und davon hatte ich weiß Gott genug. Ich war nicht beliebt, ich gehörte nicht zu der Gruppe, die *in* ist. Die In-Gruppe meiner Nachbarschaft bestand aus Frauen in meinem Alter, die wieder ins Berufsleben zurückgekehrt waren. Jeden Morgen blickte ich ihnen durchs Fenster nach, wenn sie zu ihren Wagen stöckelten, nach der neuesten Mode gekleidet, auf hohen Absätzen, einen Tag auf Teppichböden vor sich.

In meiner Phantasie sah ich sie, wie sie Telefonhörer

abhoben, die nicht klebten, in einem schicken Lokal mit grünenden Zimmerpflanzen zu Mittag aßen und sich mit Wesen unterhielten, die mehr zu antworten wußten als nur das immer gleiche ›Mensch, Klasse‹.
Der Höhepunkt *meiner* Woche war die Einladung zu einer Modevorführung, bei der ich fünf bis sechs Mini-Fläschchen Parfum klaute, die aber nur fünf bis sechs Minuten wirkten. Dann war der Alkohol verdunstet.
Die Freundinnen, die ich gern mochte, fanden nicht den Beifall meiner Kinder. Ivonne gefiel ihnen nicht, weil sie geschieden war und mit dem Zahnarzt ausging, der ihnen früher die Zähne reguliert hatte. Sie fanden, sie habe einen schlechten Einfluß auf mich.
Gloria mochten sie nicht, weil sie kein eigenes Zuhause zu haben schien: Sie kam immer zur Essenszeit und hing bei uns herum, während wir bei Tisch saßen. Judy mochten sie nicht, weil sie nie bei sich aufräumte und in angeschmuddelten Kleidern, mit fettigen Haaren daherschlampte. (Sie behaupteten, sie noch nie sauber und ordentlich erlebt zu haben, und das sei ein schlechtes Beispiel für mich.)
Manchmal wußte ich wahrhaftig nicht, was die Gören von mir erwarteten. Brauchte ich sie, waren sie nicht zu Hause. Waren sie zu Hause, trieben sie mich mit ihrer neuesten Methode der Elternpsychologie auf die Palme. Ich merkte immer gleich, wenn sie neue Methoden an mir ausprobierten. Dann nämlich genoß ich ihre ungeteilte Aufmerksamkeit. Und sie

probierten jede aus, die ihnen in den Weg kam: aktives Zuhören, Effizienz-Training und transaktionelle Analyse.

Es überraschte mich daher nicht, das von Mrs. Lutz erwähnte Handbuch WIE ERZIEHE ICH MEINE ELTERN unter einem Stoß Zeitschriften im Badezimmer zu entdecken.

Auf dem Titelblatt sah man einen Teenager verlogen lächeln. Er ließ soeben die Zeitung sinken und betrachtete aufmerksam, was seine Mutter ihm zeigte.

Rasch durchblätterte ich das Kapitel: *Wie sage ich nein zu meinen Eltern.* Das WIE wußte ich ja. Nur leider nicht das WARUM! Da fiel mein Blick auf eine Überschrift: »Das Mittel-Syndrom bei Eltern. Welche Stellung innerhalb der Familie nehmen Sie ein?«

Das war es, genau! Ein Mittel-Kind war ich nicht gewesen, aber ein Mittel-Elternteil war ich und damit weder das älteste, noch das jüngste Familienmitglied. Ich stak in der Zwielichtregion, in der einer nie etwas zum erstenmal tut, nie etwas wirklich Originelles sagt, nie etwas Neues zum Anziehen bekommt, nie reizende, allgemein belachte Aussprüche tut.

Schon meine Stellung innerhalb der Familienkutsche bestätigte es. Als Jungverheiratete schmiegte ich mich so eng an meinen Mann, daß es aussah, als sei er allein am Steuer. Als das erste Baby kam, zog ich ganz hinüber an die Tür, damit das Baby zwischen uns Platz hatte. Als wir dann zwei Kinder hatten, hing ich chronisch über die Rücklehne, um ganz sicherzugehen, daß keines auf den Boden gerutscht war, und traf überall mit dem Po voraus ein. Vom dritten Kind an gab ich den Beifahrersitz vollkommen auf und wurde zum festen Bestandteil der Rücksitze, damit jedes Kind sein eigenes Fenster zum Hinausschauen hatte.

Als die Car-Pools zu einem Teil meines Lebens wurden, kehrte ich zwar nach vorne zurück, aber als Dauerchauffeur. Nie mehr sprach jemand mit mir oder nahm sonst irgendwie von mir Notiz.

Als die Kinder dann selber anfingen zu fahren, wanderte ich zurück auf den Beifahrersitz. Und in letzter Zeit wurde ich wieder in den Fond abgeschoben – sofern für mich überhaupt ein Sitzplatz vorgesehen war.

Ich war jetzt auf heißer Spur, das wußte ich, fieberhaft blätterte ich weiter bis zu dem Kapitel *Selbständigwerden*. Dort hieß es, erst wenn wir allein zu stehen imstande seien, allein, ohne uns auf die Kinder zu stützen, hätten wir das Alter des Erwachsenseins erreicht.

Verwirrend blieb die Geschichte trotzdem. Ich wußte nämlich nicht, was ich wollte. Manchmal wollte ich nur eines: allein sein. Zum Beispiel, wenn Freundinnen zu Besuch kamen. Damals, als Ivonne vorbeikam, um mir über Elaines Totaloperation zu berichten. Ehe sie ins Detail gehen konnte, pflanzte sich mein Jüngster zwischen unsere Kaffeetassen und äußerte: »Hündinnen werden nach so einer Operation immer fett. Hoffentlich kommt die arme Elaine drum herum.«

Bei anderen Gelegenheiten wiederum wünschte ich, gebraucht zu werden, anderen eine Stütze zu sein.

Ich schlug das Buch zu. Dieser Tag war für all so etwas ungeeignet. Draußen in der Küche standen 35 angebrauchte Gläser auf der Spüle. Und ich besaß gar keine 35 Gläser.

Seit zwei Jahren ging die Haustür nicht mehr zu. In der Einfahrt standen sechs Wagen. Nur einer davon war fahrbereit.

Das Backpulver, das ich in den Kühlschrank gestellt hatte, damit er weniger roch, war zur Hälfte aufgegessen. An der Backofentür sah man schwarze Fußabdrücke.

Der Hund sah zu fett aus.

Außerdem hieß es Abschied nehmen von dem reinen, natürlichen Kräutershampoo, das ohne Verschluß im Waschtisch lag und in den Abfluß sickerte. Abschied nehmen auch von der Verandaleuchte, deren Birnen alle sechs Wochen erneuert werden mußten. Und von den verschimmelten Frottiertüchern, leeren Eiswürfeltabletts und allen Etiketten, auf denen stand: für lauwarme Handwäsche, und dem Frühstücksfleisch, das sich zu trockenen Locken ringelte, weil keiner es je wieder einpackte.

Meine sämtlichen Freundinnen hatten die Abhängigkeit von ihren Kindern hinter sich, sie waren auf Kreuzfahrt um die Welt. Ich wußte es genau, weil kein Tag verging, an dem mir nicht eine von ihnen schrieb.

Und ich? Ich sortierte immer noch Socken, fischte Krümel aus dem Trinkwasserkrug im Kühlschrank und spielte am Muttertag die Hocherfreute über einen Käsehobel. Als nun eines Tages mein älterer Sohn seine Brille suchte, um mein Portemonnaie besser finden zu können, und der jüngere mein Autoradio auf einen Rock-Sender einstellte, wußte ich mit einem Schlag, was ich zu tun hatte.

Ich nahm ihn beiseite und sagte: »Hör mal, für ein Kind, das eigentlich gar keine Eltern gewollt hat, hast du doch Glück gehabt. Ich weiß, ich habe auch viel verkehrt gemacht . . .«

»Wenn es wegen dem Cashmere-Pullover ist, den du hast in der Wäsche so eingehen lassen, vergiß es«, sagte er.

»Nein, es ist wegen des mangelnden Kontaktes zwischen uns. Wir können kaum je ein Gespräch führen, ohne uns gegenseitig anzubrüllen.«

»Nicht doch, Mom«, sagte er. »Jetzt sind doch die besten Jahre deines Lebens.«

Ich fing an zu weinen. »So was sagen Kinder immer. Worauf ich hinauswill: Warum kannst du mich nicht als das akzeptieren was ich *bin*, warum muß ich perfekt sein? Nie darf ich etwas, was alle anderen

Mütter dürfen. Jetzt wird es Zeit, daß ich mich losreiße und der Mensch werde, als der ich angelegt bin. Ich finde, du solltest ausziehen und dir eine eigene Wohnung nehmen.«

Als ich ihn stehenließ, murmelte er: »Was habe ich nur falsch gemacht?«

Als am nächsten Abend Gloria zum Abendessen angelatscht kam und sich auf den nächsten Stuhl fallen ließ, machte ich ihr Mitteilung von meinem Ultimatum.

»Du bist eine vorbildliche Mutter«, sagte sie. »Hoffentlich bist du bei TEENAGER-APARTMENT versichert.«

»Was ist denn das?«

»Das ist eine neuartige Police für die Eltern junger Leute, die ausziehen und sich eine eigene Wohnung nehmen. Die Prämien sind extrem hoch, aber sie decken den Verlust an Möbeln bis zu 5000 Dollar, Kraftfahrzeugschäden beim Wegtransport von Hauseigentum und das Auffüllen des Kühlschranks.«

»Ist das dein Ernst?«

»Mein voller Ernst. Du hast ein schlechtes Gedächtnis«, sagte sie. »Hast du vergessen wie es war, als deine Tochter ins College reiste? Das einzige, was sie zurückließ, war ein Echo.«

Mein Sohn muß meine Befürchtungen gekannt haben, denn als er ein paar Wochen später sagte: »Ich hab' 'ne Wohnung«, fügte er unaufgefordert hinzu: »Mach dir keinen Kummer, sie ist möbliert.«

Meine Erleichterung dauerte nur so lange, bis wir sie besichtigt hatten. Ich habe schon Aufwachräume in Kliniken gesehen, die üppiger möbliert waren.

»Brauchst du eine Bratpfanne?«

»Wozu?« zwitscherte er. »Ich ess' ja nur einmal am Tag zu Hause.«

Ein Instinkt sagte ihm stets rechtzeitig, wann es bei uns Braten gab. Er landete wie nach Radar. Gelegentlich rief er an solchen Abenden aus dem Nebenzimmer: »Brauchst du das hier?«

»Was ist es denn?«

»Der Fernseher.«

»Selbstverständlich brauchen wir den.«

»Du kriegst dafür auch die grüne Lampe wieder.«

»Hör mal, hier ist kein Tauschmarkt.«

Zum Schluß hatte er alles – die Knüpfteppiche, die Mutter mir gemacht hatte, die Teller, die er für eine Party geborgt und nie zurückgebracht hatte, die Schreibmaschine, den Ventilator fürs Fenster, den großen Kochtopf für Spaghetti, die Badetücher, den Vierradantrieb, das Fahrrad, »das bloß dasteht und eines Tages gestohlen wird, dann siehst du es nie wieder«.

Es tat weh, daß wir keinen Pfennig Teenager-Apartment-Versicherung hatten, um unseren Verlust zu lindern.

Als er weggezogen war, wurde dann alles etwas leichter, wir hatten nur noch ein Kind in der High-School, aber wie in einer eigenen Wohnung war es trotzdem nicht.

Gloria war zufällig an dem Nachmittag bei mir, als er so böse auf mich wurde, weil kein Benzin in meinem Wagen war.

»Warum läßt du dir das alles gefallen?« fragte Gloria.

»Weil es leichter ist, als zu streiten. Außerdem würde er mich nicht anbrüllen, wenn er mich nicht lieb hätte.«

»Selbstachtung ist bei dir ein Fremdwort, was?«

»Ich habe natürlich davon gehört. Du willst mir doch nicht einreden, ich hätte keine?«

»Wenn du welche hättest, solltest du sie gelinde gesagt mehr anwenden! Du hast eben den Sprachfehler, nicht NEIN sagen zu können. Und weißt du, warum?«

Ich schüttelte den Kopf, aber mit schlechtem Gewissen. »Weil du total unsicher bist. Du willst geliebt werden und riskierst nicht, dir einen Menschen zu entfremden.«

»Da irrst du dich«, lachte ich.

»Schön. Dann tu mir den Gefallen, geh ins Wohnzimmer und sage laut: Dies ist mein Haus. Schließlich und endlich bin ich auch wer. Ich werde jetzt ab sofort selbstbewußter.«

Eine Sekunde lang überlegte ich. Dann fand ich, ich müßte Gloria zeigen, was eine Harke ist. Ich ging ins Wohnzimmer, in dem mein Mann und mein Sohn vor dem Fernseher saßen.

»Dies ist mein Haus. Schließlich und endlich bin ich auch wer. Ab sofort werde ich selbstbewußter.«

Mein Mann sah auf. »Ich kann nicht Lippenlesen, was murmelst du da? Sprich lauter!«

Ich räusperte mich und fing noch mal an: »Dies ist mein Haus. Schließlich bin ich auch wer. Ich werde ab sofort selbstbewußter werden.«

»Junge«, sagte mein Mann ungeduldig, »dreh mal den Ton leiser. Deine Mutter versucht etwas zu sagen. Aber beeil dich. Die schießen jeden Moment ein Tor.«

»Dies ist mein Haus. Ich bin auch wer. Ab jetzt werde ich selbstbewußter, wenn es euch recht . . .«

Rutscht mir
den Buckel runter

Es verging kein Morgen, an dem nicht mein Mann bei Tisch gesessen und mir die ganze Zeitung laut vorgelesen hätte. Und wenn er las, erwartete er, daß jeder Mensch in einem Radius von 100 km aufhörte mit dem, was er gerade tat, und ihm zuhörte.

Er las mir die Leitartikel vor, das Wetter an der Westküste, was die Briefkastentante der Frau riet, deren Ehemann sich immer im Wandschrank anzog, die Sportberichte und den Ausgang des Bridgeturniers, ja sogar was in den Sprechblasen der Peanuts stand.

Es war glasklar, was er damit unterstellte: daß ich die Zeitung nicht selber zu lesen imstande war.

Eines Tages fing er an, mir eine Geschichte von einem Hund vorzulesen, der nach fünf Jahren wieder heimgefunden hatte.

»Hör dir das an«, sagte er. »Ein Spaniel in Butte, Montana . . .«

»Ja, ich hab's gelesen«, sagte ich.

»... fand nach fünf Jahren wieder heim, als die Familie auf Urlaub in ...«

»... den Everglades war und sich dort verirrte«, unterbrach ich ihn. Es war, als spräche man mit einem Kugelschreiber.

»Während seiner Abwesenheit«, fuhr er fort, »hatte er zwei Jahre lang ehrenvoll beim Militär gedient, ein Kind vor dem Ertrinken gerettet und ...«

»... eine Drogenrazzia erfolgreich durchgeführt.«

Diesmal sah er auf. »Hast du den Hund gekannt?«

»Ich hab' dir doch schon gesagt: ich hab' es bereits gelesen.«

»Das konntest du doch gleich sagen.«

In Gedanken malte ich mir aus, wie ich eines Tages mit der Schere hinüberlangen, die Geschichte, die er gerade las, ausschneiden und durch das Loch lugend äußeren würde: »Ich habe auch mal lesen gelernt.«

Selbstbewußtsein hatte ich eben nie viel. Ja, eigentlich war ich immer noch überzeugt, so etwas sei angeboren. Entweder man bekam es mit ... oder nicht.

Wenn eine Verkäuferin mir in die Umkleidekabine folgen wollte, mußte ich immer den Drang unterdrücken, mich zu ihr umzudrehen und zu sagen: »Der letzte, der mich im Unterkleid sah, ist blind geworden.«

Aber ich tat es dann doch nicht.

Ich hatte auch immer Lust, mich zu meiner Friseuse zu wenden und zu sagen: »Wenn ich Haare von der

Konsistenz und Form eines eisernen Helmes hätte, wäre ich Wikinger.«

Aber ich tat es dann doch nicht.

Am heftigsten aber wünschte ich mir, eines Tages zu Mildred Harkshorn sagen zu können: Mildred, du kannst mir mit deinen immens begabten Kindern, die alles früher und besser tun als alle anderen, auf den Hut steigen. Übrigens habe ich irgendwo gelesen, daß zwischen superklugen Kindern und neurotischen Müttern ein Zusammenhang nicht ausgeschlossen ist.«

Aber ich tat es dann doch nicht.

Mildred war meine Nachbarin jenseits der Hecke, sie lebte dort mit ihrem Mann Leland und ihren zwei Kindern, Dwight David und Mirakel. Mirakel war ein Mädchen. Beide Kinder waren eine eindringliche Warnung, lieber Junggeselle zu bleiben.

Ich hatte Mildred wirklich gern. Unsere Kinder waren miteinander aufgewachsen. Sie hatte ihre erst verhältnismäßig spät im Leben bekommen und schien der Ansicht, daß sie nach so langer Wartezeit nichts anderes sein dürften als perfekt.

Das bestimmte ihr ganzes Leben.

Mit neun Monaten waren sie sauber.

Meine Kinder bekamen Rückfälle, wenn ich in ihrer Gegenwart meine Topfpflanzen sprühte.

Ihre waren mit einem Jahr bereits von der Flasche entwöhnt.

Meine arbeiteten pro Woche ein Dutzend Schnuller auf, indem sie sie zerbissen.

Dwight David und Mirakel bekamen Preise bei Musikwettbewerben, beim Football und Stipendien bei »Jugend forscht.«

Meine bekamen ein Freilos für einen Hamburger und einen Becher Malzmilch, weil sie beim Altpapiersammeln 50 Pfund zusammenbrachten.

Nie konnte ich vom Schulparkplatz wegfahren, ohne daß Mildred ans Fenster klopfte und begeistert hervorstieß: »Dein Sohn wird dir ja von den entsetzlich schweren Prüfungsaufgaben erzählt haben, oder?«

Mein Sohn hatte noch nie einen vollständigen Satz zu mir gesagt.

»Ich habe Dwight David gedroht, wenn er die Prüfung verhaut, kann er nicht Captain des Baseball Teams werden. Es ist mir egal, daß er einstimmig von seinen Teamkameraden gewählt worden ist. Prüfungsaufgaben gehen vor. Übrigens . . . interessiert sich dein Sohn nicht auch für Baseball?«

Mein Sohn interessierte sich nicht einmal für den Mülleimer, wenn wir ihm fürs Hinausbringen nicht einen Scheck ausschrieben.

Naheliegend, daß man zur Schnecke wird neben einer Mutter, deren Kinder nie lügen, nie mit vollem Mund sprechen und die Dankesbriefchen schreiben, wenn sie beim Spielen in unserem Garten einen Schluck aus dem Wasserschlauch genommen haben.

Wenn ich mich jemals behaupten wollte, mußte ich mit Mildred anfangen. Eines Tages war sie gerade an ihrem Briefkasten und rief mir zu: »Hallo, da drüben? Wie geht's denn deiner Tochter im College?«

Ich lächelte und ging zu ihr hinüber. »Prima, danke.«

»Wie war doch der ulkige Spitzname, den man ihr gegeben hat?«

»Waschi.«

»Ah, ich habe wieder einen Brief von Mirakel bekommen«, sagte sie. »Wir stehen uns so prima. Sie schreibt mir jeden Tag. Aber das tut deine Tochter sicher auch.«

»Sie hat sich vermutlich die Hausbibel auf den Fuß fallen lassen und kann daher nicht so oft zur Post gehen, wie sie möchte«, sagte ich.

»Ja, vermutlich«, meinte sie lächelnd. »Es gibt junge Menschen, die haben überhaupt kein Bedürfnis nach Familienkontakt. Sie nehmen das College zum Anlaß, alle Bindungen zu zerreißen und sich ein ganz neues, eigenes Leben aufzubauen.«

Ich war wieder in die Falle gegangen und brachte es nicht fertig, ihr Contra zu geben. Was lief da nur bei mir verkehrt? Warum konnte ich nie frei heraussagen, was ich dachte?

Als ich ins Haus ging, sah ich Helen, die eben aus dem Büro heimkehrte. »Hallo, da drüben!« rief sie. »Hast du heute schon von deinem College-Kind gehört?«

Ein zweites Mal ließ ich mich nicht aufs Kreuz legen. »Gewiß, gewiß«, log ich. »Sie schreibt mir täglich.«

»Sie hängt also immer noch an den Schürzenbändern?« fragte Helen kopfschüttelnd. »Mach dir keinen Kummer deswegen. Nach einer Weile wird sie geistig reifen und sich besser dort anpassen. Es dauert eben seine Zeit, bis man ein eigener Mensch ist und nicht mehr Mamas Liebling.« Wie ich es auch machte, es war verkehrt. Was meine Kinder machten, war auch immer falsch. Wieso eigentlich waren meine Kinder vergeßlich, andere Kinder »hatten Wichtigeres im Kopf«. Meine waren fett, andere Kinder waren ›robust‹. Meine waren ›Spinner‹, die anderen ›nonkonformistisch‹. Meine waren faul, andere waren ›profunde Denker‹. Meine fielen durch, anderer Leute Kinder wurden ›Opfer einer schlechten Lehrkraft‹.

Eines Abends saß ich vor einer Show im Fernsehen. Mein Mann fand, ich sei müde und müsse ins Bett, damit ich morgen früh nicht kratzbürstig sei. Sprach's und knipste das Licht aus.

Während ich mit weit aufgerissenen Augen im Dämmern hockte und auf den Bildschirm glotzte, wurde in der Talkshow eben der Autor des Buches RUTSCH MIR DEN BUCKEL RUNTER vorgestellt, ein gewisser Dr. Emitz.

Ich war keine Sekunde im Zweifel, daß dieser Mensch ausschließlich zu mir sprach. Er sagte, Selbstbewußtsein sei kein Luxus, sondern ein unabdingbares Recht. Man brauche deshalb kein schlechtes Gewissen zu haben. Man brauche es nicht zu rechtfertigen. Man brauche nicht einmal einen

Grund dafür anzugeben. Man brauche es einfach nur zu entwickeln.

Er sagte, man solle seine Meinung offen heraus sagen, ohne dabei emotional oder aggressiv zu werden. Es sei am besten, sich eine Liste von Dingen zusammenzustellen, die einem auf die Nerven gehen. Anschließend könne man sich dann überlegen, wie man sie abstellt. Er versprach, man sei dann in kürzester Zeit eine selbständige Persönlichkeit.

Ich knipste das Licht wieder an und machte mir eine Liste von allem, was mir auf die Nerven ging und was ich anders haben wollte:

Künftig werde ich nicht mehr am Frühstückstisch sitzen und mir die Zeitung vorlesen lassen.

Raucher, die mir ihren Qualm ins Gesicht blasen, werden binnen kürzester Zeit – binnen Sekunden, um genau zu sein – erfahren, wie gesundheitsschädlich Rauchen sein kann.

Ich werde unverhohlen gähnen, wenn mir jemand sexuelle Details seines Ehelebens anvertrauen will.

Ich werde nicht mehr am Telefon warten, bis Lynda wiederkommt und von mir Beifall über das schöne A-a ihres Sohnes hören will.

Ich werde mir nicht an allen Türen Krankheiten zusammensammeln, deren Namen ich nicht aussprechen kann.

Ich werde mich nicht mehr darüber aufregen, daß meine Schwiegermutter mich bei meinem Mädchennamen nennt. Wenn ich nach Weihnachten etwas im

Laden umtauschen möchte, werde ich nicht mehr Schwarz tragen und behaupten, der Empfänger sei verstorben.

Wenn mich die Schule wieder rufen läßt, werde ich mein Kind so lange für unschuldig halten, bis mir bewiesen wird, daß es schuldig ist.

Wie Dr. Emitz ausführte: Man muß Selbstbewußtsein allmählich aufbauen. So etwas klappt nicht am ersten Tag, es genügt, wenn jeglicher Tag seine eigene Plage hat. Ich fing an dem Abend damit an, an dem wir ins Restaurant essen gingen. Ich bestellte mir mein Steak wie immer gut durchgebraten. Als es dann serviert wurde, glaubte ich darin noch den Herzschlag zu hören.

Erst spielte ich mit dem Gedanken, zu tun als sei es ein Schinken, dann legte ich sanft, aber nachdrücklich die Gabel hin und sagte: »Bitte schicken Sie das noch mal in die Küche zurück, und lassen Sie es etwas länger braten.«

»Dann kann man es doch nicht mehr essen«, murrte der Ober.

»In diesem Fall esse ich es auch nicht mehr«, sagte ich entschlossen.

Ein wohliges Gefühl, dieses Selbstbewußtsein. Je länger ich es übte, desto wohliger wurde mir.

Ich verlangte von meinem Fleischer, er möge das Fleisch aus der rosa Beleuchtung nehmen und mir sein Filet bei Tageslicht zeigen.

Als Mayva ›ganz ehrlich‹ von mir wissen wollte, wie

ich ihre neue Pagenfrisur fände, sagte ich ihr offen, das sei kein Page, sondern ein Zimmerkellner.

Einige Wochen später rief mich Mildred an und erzählte mir, ihr Dwight David habe in der Formel der Relativitätstheorie seines Professors einen Fehler gefunden und ihn vor 50 Mitstudenten blamiert. Ich setzte zu einer Rede an, brachte aber kein Wort heraus.

»Es ist kaum zu glauben, daß ein Zwanzigjähriger schlauer sein kann, als ein berühmter Professor mit all seinen Titeln, was? Ich schwöre dir, ich habe keine Ahnung, woher der Junge das hat.«

»Mildred«, sagte ich und räusperte mich.

»Erinnerst du dich, wie froh du warst, als dein Sohn auch nur seinen Seh-Test bestand?«

»Mildred!« rief ich laut. »Ich habe eben in einem wissenschaftlichen Artikel gelesen, daß möglicherweise ein Zusammenhang besteht zwischen der Brillanz eines Kindes und neurotischem Verhalten der Mutter zur Zeit seiner Geburt.«

Danach traf ich Mildred nur noch selten. Wenn ja, war sie immer in Gedanken, oder es fiel ihr gerade etwas ein, was sie vergessen hatte, und sie schlug eine andere Richtung ein.

Um es genau zu sagen, je bestimmter ich wurde, desto weniger Verkehr hatte ich mit anderen Menschen, einschließlich meiner eigenen Mutter, der ich eine Zungentransplantation angedroht hatte, wenn sie nicht aufhörte, mich vor meinen Kindern schlecht zu machen. Sei's drum. Ich bewunderte mich wegen meiner schrankenlosen Offenheit. Endlich hatte ich gelernt, mir selbst eine Freundin zu sein. Wenn ich es recht überdachte, war ich sogar meine einzige Freundin.

Ich führte mich überallhin aus. Ins Kino. In den Zoo. Ich fuhr mich auf lange Touren über Land. Ich aß mit mir in intimer Einsamkeit zu Abend und verdrehte mir den Kopf mit Blumen und Pralinen. Ich wußte, diese Beziehung wuchs mir allmählich über den Kopf, aber irgendwie war es stärker als ich. Wir standen uns so wundervoll. Ich wußte genau, wann ich mit mir reden und wann ich schweigen mußte. Ich wußte, wann ich schlechter Laune war und mich allein lassen mußte. Ich lobte mich, wenn ich eine Sache gut gemacht hatte, und verwöhnte mich uferlos. Ich konnte mir nichts abschlagen, weil ich ein so wundervoller Mensch war. Die Leute fingen schon an zu reden und verbreiteten Gerüchte über mein außereheliches Verhältnis mit mir selbst. Das war mir gleichgültig. Mein Gefühl für mich war tief und echt. (Ich glaube, ich habe mir sogar gesagt, ich hätte gern ein Kind von mir.)

Ungefähr vier Monate lang war ich meine beste Freundin gewesen, da fielen mir einige Kleinigkeiten an mir auf, die ich anfangs nicht bemerkt hatte. Wenn ich lachte, schnarchte ich wie der Motor eines Chevrolet Baujahr 1936. Nachts im Bett machte ich mich wahnsinnig, weil ich dauernd die Kissen umdrehte, um »eine kühle Stelle« zu finden. Und wenn ich diskutierte, lächelte ich. Jeder weiß doch, wie widerwärtig es ist, mit jemand zu diskutieren, der dabei lächelt.

Und nicht nur das. Einige meiner einstigen schlechten Angewohnheiten traten wieder auf. Erst vor wenigen Tagen hatte ich mich an der Schnellkasse von jemand überholen lassen, der zwölf Posten gekauft hatte, und ich hatte nicht protestiert. Ich hatte nicht gelernt, mein Leben zu beherrschen, ich hatte nur eine vorübergehende Anwandlung von Unabhängigkeit gehabt. Ich sagte mir, wenn ich mich wahrhaft liebte, könne ich tun, was ich wollte.

Jeden Abend vor dem Schlafgehen tat ich das, was Doktor Emitz einem riet. Ich stellte mich vor den Spiegel und sagte: »Ich liebe dich.« Mein Mann rief dann jedesmal dazwischen: »Das sagst du jetzt, aber wirst du morgen früh noch Achtung vor dir haben?«

Als ich mich eines Morgen um eine Tasse Kaffee bat und mir erwiderte: »Geh und hol sie dir selber«, kam Mayva dazu und fragte: »Hältst du schon wieder Selbstgespräche?«

»Wieso *wieder*?«

»Du tust es schon seit Monaten. Du gehst nicht mehr aus. Du lädst niemanden mehr ein. Du hast keine Freundinnen. Niemand ruft dich an. Du rennst immer nur im Haus herum und murmelst: ›Ich bin okay, was man von euch anderen nicht unbedingt behaupten kann‹. Und dabei ist kein Mensch in der Nähe.«

»Mayva«, seufzte ich, »in den letzten Monaten habe ich so viel über mich erfahren. Durch Selbstanalyse und psychologisches Einfühlungsvermögen habe ich entdeckt, daß ich im Grunde ein langweiliger Mensch bin.« Sie versuchte, mir in die Rede zu fallen. »Ich meine es ernst. Neulich abends habe ich mir eine amüsante Geschichte erzählt, über die ich schon hundertmal gelacht habe und habe mich mittendrin unterbrochen und gefragt: ›Was gibt's im Fernsehen?‹«

Mayva legte ihre Hand auf die meine. »Wenn man immerzu über sich nachdenkt, wird man sich natürlich langweilig. Das nennt man ›Auch-ich-und-nur-ich-Syndrom‹. Begreifst du denn nicht: Nach sich selbst Ausschau halten, das ist wie Reste von gestern. Es war mal *in*, und jetzt ist es *out*. Kein Mensch macht das mehr. Heutzutage heißt das Stichwort: Einsatz. Jeder setzt sich heute für irgend etwas ein. Hör dich doch mal um, wenn du in Gesellschaft bist. Jeder hat ein Anliegen, ein Vorhaben, ein Ziel, etwas, woran er glaubt und für das er kämpft. Heute heißt es: sich einbeziehen lassen!«

»Du willst mich nur veräppeln«, sagte ich. »Wenn sich die Dinge so verändert hätten, wüßte ich es.«

»Du hast zu isoliert gelebt«, sagte Mayva, »darum hast du es nicht so mitgekriegt. Du mußt aus dem Haus und wieder am Leben teilnehmen, Leute sprechen, ausgehen, etwas unternehmen. Schau, wenn deine beste Freundin es dir nicht sagt, wer soll es

denn sonst tun: du bist ichbezogen und eigenbrötle-
risch.«
Ich schaute in den Spiegel und wartete, daß meine
allerbeste Freundin der letzten Monate sich dazu
äußerte.
Da wurde mir blitzartig klar: so sehr liebte ich mich
nun auch nicht!

Jeder ist
sich selbst
der Nächste

Ich fehlte mir sehr. Als ich noch meine beste Freundin war, brauchte ich mich nie umzuziehen, auszugehen oder einen ganzen Abend lang dazusitzen und jemand zuzuhören.

Ich brauchte tagtäglich nur aufzustehen und meine Gefühlstemperatur zu messen. Liebte ich mich heute mehr als gestern? Beherrschte ich tatsächlich mein Leben? Brachte ich es über mich, weitere vier Wochen die kleine Handwäsche ungewaschen liegen zu lassen? Von dieser Phase, die Fachleute als Auch-ich-und-erst-mal-ich bezeichnen, hatte ich schon gehört. In sie geriet, wer zu viele Lebensbewältigungsbücher las und davon mit der Zeit ulkig geworden war. Sollte auch ich vielleicht zu ichbetont geworden sein? Zu sehr auf mich konzentriert?

Falls dem so war, mußte ich intensiver am Tagesgeschehen teilnehmen. Bestimmt ließ sich für mich ein Anliegen finden, das mir zusagte. Das beste Mittel war, eine Party zu geben. Ich würde mir einige

Dutzend Freunde einladen und im Lauf des Abends würde ein Projekt, eine gute Sache auftauchen, die mein Interesse weckte. Darauf – und von mir weg – konnte ich dann meine Kräfte lenken.

Beim Aufstellen der Gästeliste mußte ich an die gute alte Zeit denken, als man einfach ein paar Freunde einlud, circa 100 Kilo Nahrungsmittel auf den Tisch knallte, Alkohol bereitstellte und das Weitere abwartete. Das war alles anders geworden.

Wenn wir John einluden, mußten wir noch drei weitere Raucher einladen, mit denen er sich gegen den Rest der Gäste zu einer Schutz- und Trutzgemeinschaft zusammentun konnte.

Stella trank nur Wodka. Zwölf der Eingeladenen »derzeit nur Weißwein«, die übrigen schwenkten scheinheilig ein Glas Selterswasser mit einem Schuß Zitrone darin. Acht waren Vegetarier, drei aßen nichts, das aus dem Meer stammte, weil das nicht mehr sauber war, und fünfzehn mußten Diät halten.

Lois trank acht Glas Wasser zu ihrer Diät und brauchte zwischen sich und dem Badezimmer stets eine freie Rennstrecke. Mary Ellen mußte immer noch ihre Essensportionen auf der Briefwaage wiegen. Elaine rannte sofort hinaus und testete ihren Zuckergehalt, wenn sie ein halbes Kohlehydrat gegessen hatte, und Jerry brachte sich ihr eigenes Gebräu aus Seetang, Olivenöl, Ziegenmilch und Melone mit – in einem Plastikbehälter, den sie im Kühlschrank deponierte.

Ich konnte keinen Jogger neben einen Trauerkloß setzen, keinen Kernkraftbefürworter neben einen Umweltschützer, keinen Verfechter eingeschränkten Waffenverkaufs neben einen passionierten Jäger, keine freiwillig Kinderlose neben eine stillende Mutter.

Es mußte einen einfacheren Weg geben, das Weltgeschehen wieder in den Griff zu bekommen und für mich ein Betätigungsfeld zu finden.

Als ich Mary im Pelzmantel hereinkommen sah, versuchte ich, mich zwischen sie und Liz zu werfen, schaffte es aber erst, als Liz schon sehr laut geäußert hatte: »Mein Wunschtraum wäre mal, ein Tier auf einer Party erscheinen zu sehen, mit einem Cape, das aus Mary gemacht ist.«

Ich lotste sie zu George, der gerade mit Stan über Geschäfte redete. Ich machte Stan schnell mit Lois bekannt, die überlaut mit Doug über unverheiratet zusammenlebende Paare stritt. Lois schubste ich in eine Gruppe Abtreibungsbefürworter, merkte zu spät, daß sie ja katholisch ist, und zerrte sie dann zu Stella. Stella ist Feministin und diskutierte eben mit erhobener Stimme mit Sonja, die ihrerseits äußerte, sie sei mit ihrer Rolle als Hausfrau durchaus zufrieden und wieso Stella denn das nicht akzeptieren könne.

Neben mir tauchte Liz auf, nickte in Richtung George und sagte: »Nur ein Volltrottel kann etwas gegen das Sterilisieren von Tieren haben!«

Gleichzeitig beklagte sich Sonja, sie habe Atembe-
schwerden und könne sich unmöglich mit einem
Raucher unterhalten, also machte ich sie mit Mary
Ellen bekannt. Doug sagte, auf dieser Party sei kein
einziger Leser der New York Times, dafür aber eine
Frau, die glaubte, Vasektomie sei eine Operation
gegen Krampfadern. Ob es denn hier keinen gäbe, der
etwas über den Marvin-Beschluß wüßte?
Als alle bei Tisch saßen, warf ich einen ängstlichen
Blick in die Runde. Also wie war das: Ich hatte die
Verfechterin der sanften Geburt neben dem Geistlichen sitzen, den Anti-Wehrpflicht-Apostel neben
der, die Marihuana freigeben wollte, den Jogger neben der Umweltschützerin, den Gewaltlosen neben
der Frau, die kein Fernsehen hatte, den Chauvinisten
neben der Anti-Feministin und den Vorkämpfer für
Gratistoiletten neben – na, wem schon, neben Lois
natürlich, die bereits ihr siebentes Glas Wasser
trank, sich aber vom interessanten Gesprächsthema
ihres Tischherrn nicht losreißen konnte.
Nur etwas hatte ich vergessen: meinen Mann, den
Linkshänder, ans untere Tischende zu setzen. Zum
Glück sind Linkshänder Pazifisten.
Die Unterhaltung hörte sich an wie beim Turmbau
zu Babel. Hie und da tauchten Wörter und Sätze aus
dem Redegebrodel auf. ›Neues Konzept‹, ›Produktivi-
tät ist die Grundlage allen Seins‹, ›Positive Interaktion‹ und ›Sexuelle Freiheit‹. Mayva hatte recht.
Ich brauchte Anregung durch ein Anliegen, damit ich

mich an einer solchen Unterhaltung beteiligen konnte.

Als ich mich danach gerade mit Emily unterhielt, ob man nicht ein paar Stunden pro Woche freiwillig bei der Aktion »Rettet die Wale!« mitarbeiten solle, zerrte mich Stella zum Sofa und sagte: »Ich habe mit dir zu reden.«

Sie lehnte sich in die Kissen und fragte: »Wann endlich unternimmst du etwas, um aus dem Quatsch hier herauszukommen?«

»Aber ich bin doch die Gastgeberin«, sagte ich bescheiden.

»Ich meine nicht die Party. Ich meine die ganze hausbackene Wirtschaft.«

Stella gefiel mir. Ich wußte auch, daß sie nie wegen eines »trockenen, windigen Tages, an dem man die Decken lüften konnte« aus dem Häuschen geriet.

Ihre Aussteuerwäsche hatte sich in der Waschmaschine, ihre Ehe noch in der gleichen Woche vor dem Scheidungsrichter aufgelöst. Sie nahm es als Omen.

Wie auch meine Nachbarin Helen hatte Stella den Übergang vom Bügelzimmer zum Sitzungszimmer spielend geschafft.

»Du hast ja auch einen Bombenerfolg«, lächelte ich sie an. »Ich bin richtig stolz auf dich.«

»Den Bombenerfolg könntest du auch haben«, sagte sie. »Es ist ein Spiel, das die Männer seit Jahren spielen. Hast du schon AUF DER SUCHE NACH DINGSDA von Robby Winter gelesen?«

»Stella«, sagte ich, »mit diesem Kram bin ich eben fertig. Das hat nicht funktioniert.«

»Woher weißt du, daß das nichts für dich ist? Sicher war es dir mit dem Ausbrechen aus der Herde nicht ernst. Man braucht dich ja nur anzuschauen . . .«

»Wieso, was ist denn mit mir?« fragte ich.

»Mein Gott, du trägst noch einen BH. Das tut doch kein Mensch mehr.«

»Stimmt gar nicht. Ich kenne viele Frauen, die noch BHs tragen.«

»Unter einem durchsichtigen Pullover? Nun mal im Ernst, Kleines, komm irgendwann nächste Woche zu mir ins Büro, wir gehen zusammen essen, und dann können wir uns ausführlicher unterhalten. Außerdem sollst du dir mal ansehen, wo ich arbeite.«

Stella arbeitete im 27. Stock eines jener Bürohäuser, die aussehen, als warteten sie auf einen Countdown. Eine Sekretärin führte mich in ihr Büro.

Ich hatte schon in Wohnungen gewohnt, die kleiner waren. Ein gigantischer Schreibtisch. Ein Telefon mit fünf Knöpfen. Eine Bücherwand mit zwei gekreuzten afrikanischen Speeren hinter ihrem Schreibtisch.

»Ich wußte ja gar nicht, daß du in Afrika warst«, sagte ich.

»War ich auch nicht, Schätzchen« sagte sie und schob ihre Gläser (von der Größe einer Schutzbrille) auf die Stirn. »Das sind alles Attrappen.«

»Seit wann trägst du eine Brille?«

»Tu ich gar nicht. Komm, stell dich nicht an wie Alice im Wunderland. Ich hab' dir schon gesagt, all so etwas findest du in dem Buch von Robby Winter. Man muß erfolgreich aussehen und das Spiel mitspielen. Meine Bräune stammt von einer Sonnenbank. Meine Kunden sollen glauben, ich könnte mir leisten, in Florida zu überwintern. Ich schwitze nie, weil ich mich immer ganz leicht anziehe und das ganze Jahr den Thermostat auf 19 Grad einstelle. Kaffee?«

Ich nickte. Ihre Sekretärin brachte eine Tasse und stellte sie vor mich hin.

»Trinkst du denn keinen?«

Sie schüttelte den Kopf. »Harndrang ist ein Zeichen von Schwäche. Das kann ich mir nicht leisten. Hier lernt man alle Tricks, Schätzchen. Der Stuhl, in dem du sitzt, ist nur ein Drittel so groß wie meiner und ganz weich gepolstert, damit du tiefer sitzt wie ich. Das gibt mir Überlegenheit. Die Bücherwand ist aus Pappe. Die Schreibtischgarnitur hat mir nicht etwa jemand geschenkt. Die Plakette habe ich vorige Woche selber gravieren lassen, damit's aussieht, als hätte ich das Ding als Ehrengabe bekommen.«

»Willst du damit sagen, daß alles Attrappe ist – selbst dein Aktenkoffer?«

»Innen riecht der nach Geflügelsalat«, sagte sie achselzuckend. »Wie kann man nur so naiv sein«, schalt sie. »Wir müssen uns gegen den Konkurrenzdruck der Männerwelt behaupten, das ist eine ernste Sache. Das heißt – nicht immer . . .«

»An was denkst du?« fragte ich und beugte mich vor.

»Mir ist nur was eingefallen. Die Betriebsfeier neulich abends, die war recht aufschlußreich. Kay hat Mark heimfahren müssen.«

»Wer ist Mark?«

»Du hast ihn gesehen, als du kamst, der kleine rothaarige Sekretär von Miß Hamstein aus der Forschungs- und Entwicklungsabteilung.«

»Hatte er zu viel getrunken?«

»Kay hat mir erzählt, er sei mit einer Cadillac-Kühlerfigur in der Hand herumgerannt und hätte gebrüllt: ›Hat hier jemand einen Krügerrand verloren?‹«

»Ist er verheiratet?«

»Selbstverständlich ist er das. Der sollte überhaupt zu Hause bleiben bei seinen Kindern. Der braucht gar nicht zu arbeiten. Seine Frau hat eine gute Stellung. Aber bei ihm geht's ums männliche Selbstbewußtsein.«

»Ich finde, Betriebsfeiern sollten gesetzlich verboten werden. Was für einen Sinn sollen die haben?«

»Kay meint, es sci doch etwas Nettes, aber ich weiß auch nicht so recht. Die Frauen werden Bestien, wenn sie ein bis zwei Drinks intus haben. Stell dir vor, die Juniorchefinnen haben all die fleißigen jungen Sekretäre unter Alkohol gesetzt, den sie doch nicht gewöhnt sind. Sogar Cecil Frampton ist überall in der Etage herumgetanzt wie in einer Disco. Na ja, er hat ja eine ganz nette Figur. Unter den Freizeitanzügen sieht man es nicht so. Gegen Ende des Abends hat er Mrs. Hathcook – halt dich fest! – mit GLORIA angeredet. Und Debbie hat sich auch jemanden geangelt. Die ist durch die Ehe keineswegs aus dem Verkehr gezogen.«

»Was ist denn dabei?«

»Das will ich dir sagen. Sie ist mit dem neuen Büroboten durchgegangen. Dabei könnte sie seine Mutter sein. Es ist erschütternd, wenn eine Frau in ihren Jahren sich noch so vergißt. Für ihn mag es ja den Weg aus der Poststelle bedeuten, aber . . . na ja!« Wir schwiegen. Sie wühlte in ihrer Handtasche nach dem Lippenstift.

»Ich habe auch eine schwere Woche hinter mir«, sagte ich. »Ich hab' die Reste im Kühlschrank nach Farben geordnet.«

Das mußte man Stella lassen: Sie hatte die Kurve gekriegt, und zwar mit Eleganz. Doch sie war eine Ausnahme. Die meisten anderen meiner Freundinnen verfügten nicht über einen so tollen Rahmen. Die eine arbeitete in der Cafeteria einer Schule, eine andere verteilte gratis Würstchenproben im Supermarkt, wieder eine andere makelte Grundstücke, und Kathy war Mädchen für alles in einer Firma für Wärmedämmung.

Kathy sah ich selten. Sie lebte nach Stundenplan. Sogar ihre Kopfschmerzen waren genau eingeteilt. Sie verließ das Haus um sieben Uhr früh, kam um halb fünf wieder und ließ nie die Sonne über dem unaufgeräumten Haushalt untergehen.

Kathy hatte sich sehr verändert. Als ich sie kennenlernte, war sie, was die Organisation betraf, wahrscheinlich die allerschlechteste Hausfrau der Welt. Immer gingen ihr die wichtigsten Haushaltsartikel aus: Fleisch, Milch, Zahnpasta. Ihr Benzinstandsanzeiger stand immer auf Null, und sie kriegte ihre Kinder nie dann, wenn sie fällig waren. Sie war der einzige Fall einer 12monatigen Schwangerschaft in der Geschichte der Gynäkologie. Ihre Rückkehr in die Arbeitswelt überraschte uns. Es passierte eines Nachmittags, als sie vom Kieferchirurgen heimkam. Sie besprach das Problem mit ihrem Mann. Beide fanden, bei seinem Gehalt könne er unmöglich zwei Unterbißregulierungen finanzieren.

Wir telefonierten gelegentlich. (Sie meldete sich immer mit ›Brunwilder's Wärmedämmung & Co. Kathy am Apparat‹.) Bei ihr gewesen war ich jedoch seit ihrer Rückkehr ins Berufsleben nicht mehr. Ihr jetziges Haus kannte ich nicht.

Gleich an der Innenseite der Haustür war ein großer Spiegel, und daran stak ein Schild FÜR GERADE ZÄHNE MUSS MAN OPFER BRINGEN.

Das ganze Dekor war im Memorandum-Stil gehalten. Vor lauter daranklebenden Anweisungen sah man kaum noch den Kühlschrank.

1) Alles mal herhören: Wenn man auf dem Bodenbelag nur noch in Synkopen gehen kann, weil er so klebt, muß er gewischt werden.

2) Es gibt keine blauen Nahrungsmittel. Wenn et-

was im Kühlschrank blau aussieht, bedeutet das Lebensgefahr.

3) Tischdecken gilt nicht als Kindesmißhandlung.

4) Wer eine ganze Dose Thunfisch Pikant als Imbiß zu sich nimmt, muß die finanziellen Konsequenzen tragen.

5) Angestellte Heizung und offenstehende Kühlschranktür vertragen sich nicht.

6) Wer ein Glas aus einem der Schlafzimmer in die Küche trägt, handelt gemäß dem Sprichwort: Ein kleiner Schritt für den einzelnen ist oft ein großer Schritt für die gesamte Menschheit.

7) Heute ist ein neuer Tag. Werft irgend etwas von dem weg, was noch auf dem Küchentisch steht.

8) Was der Hund macht, ist Familienangelegenheit und geht alle an. Putz es auch dann weg, wenn du es nicht siehst.

Das war keineswegs alles. In der Waschküche hingen weitere Anweisungen.

1) Du stehst in der Waschküche.

2) Hier wäscht, trocknet und bügelt man Kleider.

3) Kleine Wäsche, die länger als zehn Jahre herumliegt, wird verkauft.

4) Spaghetti in der Waschmaschine lassen sich bis zum Urheber zurückverfolgen.

5) Braune Pünktchen auf Wäschestücken, die nach naßem Stinktier riechen, bitte *sofort* behandeln.

6) Socken bitte immer zu Paaren treiben. Farbe, Art und Größe sind unwesentlich.

7) Turnkleidung bitte nicht ausschütteln, sonst geht der Rauchalarm los. Bitte gleich in die Waschmaschine.

8) Wenn es im Raum zu kühl ist und ihr euch aufwärmen wollt, bitte NICHT das Bügeleisen auf ›Baumwolle‹ stellen.

9) Ein einzelnes Paar Jeans heißt im Waschmaschinendeutsch: BITTE SPARTASTE.

10) Kleidungsstücke haben keine Füße, können weder hüpfen noch wandern. Man muß sie eigenhändig in die jeweiligen Schlafzimmer tragen.

Im Badezimmer stand:

1) In diesem Bad sind die Handtücher gelb. Wiederhole: gelb. Nehmen sie irgendeine andere Farbe an, sofort in den nächsten Wäschekorb werfen.

2) Ein Wort zur Schwerkraft. Eine umgefallene Shampoo-Flasche ohne Verschluß wird sich nach und nach in den Abfluß ergießen. Nur weil darin ca. 35 Pfund Haare sind, brauchen sie trotzdem nicht mit Shampoo gewaschen zu werden.

3) Toilette spülen ist ein Kinderspiel. Ein fester Fingerdruck auf den Hebel genügt. Wenn das Wasser länger läuft als 15 Stunden, leicht am Hebel rütteln.

4) Haartrockner, die eingestellt in einem Schrank weiterlaufen, haben ihren Zweck verfehlt.

5) Die Verwaltung wäre dankbar, wenn Handtücher gespart würden. Also bitte nicht mehr als eines für die Haare, eins für den rechten, eins für den linken Arm und eins für den Körper.

6) Das Geheimnis, wohin Seife verschwindet, ist gelöst. Eine im Jahr 1903 gemachte Entdeckung hat es enthüllt: Seife löst sich im Wasser auf.

7) Achtung, Achtung! Länger als fünf Minuten duschen verursacht Akne!

Nach dem Besuch bei Stella und Kathy war es doppelt deprimierend, nach Hause zu müssen. Meine eigene Umwelt trug nicht das Gepräge des Erfolges. Mein Fleisch taute immer zu lange auf. Ein ganzer Berg ›Handwäsche‹ türmte sich in der Waschküche. In den Staub auf dem Teewagen hatte jemand geschrieben: »Top Modell Lea, Tel. 555-3049.« Ich kann mich nicht mehr erinnern, wann neben dem Telefon ein Bleistift gelegen hat.

Wieso setzte ich nicht mehr Stolz in meine Arbeit? Einen Haushalt gut zu führen war, richtig betrachtet, ebenso schöpferisch, ebenso vital, ebenso professionell wie das, was Frauen außer Haus vollbrachten. Außerdem war es einer der wenigen Jobs, bei dem man Harndrang haben durfte, ohne an Autorität zu verlieren.

Was das zusätzliche Geld betraf, so konnte ich selbstverständlich meinen Haushalt auch auf Geschäftsbasis führen. Ich konnte sogar Tausende von Dollars sparen, indem ich auf Fertiggerichte verzichtete, Rabattmarken klebte, an der Selbstbedienung tankte und den Hund selber trimmte.

Ob es ein Buch darüber gab, wie man einen Haushalt effizienter und sparsamer führte?

14 Billiger leben

Die Buchhandlung quoll über von Büchern über das Sparen. Ich fand es nur ein bißchen sonderbar, daß sie auf einem Tisch unter dem Plakat MODERNE UTOPIEN UND PHANTASTISCHE GESCHICHTEN auslagen.

An der Spitze der Bestseller hielt sich DAS HUHN UND SEINE ZUBEREITUNG (Für Geschiedene und Picknicker). Als nächstes in der Reihe kam OPERATIONEN IM HAUS MIT UTENSILIEN AUS DEM NÄHKORB DURCHFÜHREN, und danach gleich mein Lieblingsbuch WIE BAUE ICH MIR EIN SOMMERHAUS AUS ABFÄLLEN VOM NÄCHSTEN HOLZPLATZ.

Zu sehr spezialisieren wollte ich mich nicht. Ich brauchte ein ganz allgemein gehaltenes Buch, wie man Geld spart, indem man vielerlei im Haushalt selber macht. Die Buchhändlerin empfahl mir eins, das sich gut verkaufte. Es hieß BILLIGER LEBEN. Das Buch kostete 23,95 Dollar, aber es versprach, wenn man auch nur die Ratschläge des ersten Kapitels befolgte, hätte man diese Investition binnen einer Woche wieder herausgewirtschaftet.

Im ersten Kapitel stand, wenn ich Gratisprobenbons einschickte, könnte ich glatt zwanzig Dollar einsparen. Das war falsch. Ich sparte ganze dreißig in der ersten Woche, indem ich aus jeder Zeitschrift und Zeitung, die ich finden konnte, die Gratisprobenbons herausschnitt und einschickte.

Ich bekam eine Packung Katzennahrung ... einen Eimer Chemikalien als Zusatz zum Wasser des Swimmingpools ... einen Karton Säuglingsnahrung und einen riesigen Rabatt auf Kalbsleber. Das Dumme war nur, daß wir weder Katze noch Swimmingpool noch Baby hatten und keiner von uns Leber ausstehen konnte.

Auch das mit den doppelten Rabattmarken klang sehr einleuchtend. Wenn ich an einem auf einen Feiertag folgenden Mittwoch morgens zwischen 7.30 und 8.45 Uhr einkaufen ging und unter den ersten zehn Kunden war, die das Sonderangebot des Tages kauften und bis auf zwei Minuten genau angeben konnte, wenn der Kassenstreifen auslief, bekam ich die doppelte Menge Rabattmarken. Damit würde ich, wenn das Büchlein voll war, einen Rabatt von 10 Cent auf ein Glas Eistee bekommen, der mir Nierenschmerzen verursachte.

Ich leckte und klebte, bis sich meine Familie beklagte, gegen diesen Leimgeruch käme mein Mundwasser nicht mehr auf.

Ich bemühte mich, die Reste von gestern schöpferisch zu gestalten. Ich versteckte alles unter einem Käseüberzug und streute reichlich Petersilie darüber, um den Geschmack zu verdecken.

Einige der Vorschläge waren nicht durchführbar, etwa der berühmte: Gehen Sie nie einkaufen, solange Sie hungrig sind. Dann wäre ich ja zu verkaufsoffenen Zeiten nie in ein Geschäft gekommen.

Billigere Fleischsorten so hochzustilisieren, daß sie nach exotischen Köstlichkeiten aussahen, gab ich bald wieder auf. (Die wie ein polynesisches Floß zusammengebundenen Hühnerhälse auf einem ›Meer‹ von blaugefärbtem Reis konnten mich nicht begeistern.)

Ich ging rasch zu Kapitel 2 über und erfuhr, daß ich für Pfennigbeträge in meinem eigenen Heim ein Fitneß-Center schaffen könne. Für meinen Körper mußte ja wirklich etwas geschehen. Ich hatte ihn schamlos vernachlässigt. Das einzige Gerät, was ich besaß, war das Telefon, das jedesmal klingelte, wenn ich in einer heißen Badewanne saß.

Im Shopping Center beschloß ich, ein paar Dollars in einen der modernen Expander zu investieren, die man an die Türklinke hängt.

Fünfzehn Minuten täglich – so hieß es in der Gebrauchsanweisung –, mehr sei nicht nötig, um mehrere Zentimeter Umfang abzubauen. Es war früher Nachmittag, als ich anfing, alle Tränklein und Mixturen zur Wiederherstellung meiner Jugendlichkeit bereitzustellen.

Als erstes trennte ich, um meinem Haar Glanz zu geben, drei Eier, schlug die Eigelb mit dem Saft und der abgeriebenen Schale einer Zitrone schaumig und massierte sie mir ins Haar. Obenauf setzte ich ein Häubchen aus steifgeschlagenem Eiweiß.

Als nächstes zerkleinerte ich zwei Bündel Pfefferminzblätter, mischte sie mit Körperlotion und trug sie auf Gesicht und den ganzen Körper auf.

Dann warf ich mir ein Handtuch um die Schultern, öffnete die Kühlschranktür und holte eine Schüssel reife Avocados heraus, über die ich Olivenöl gegossen hatte. Dort hinein bohrte ich meine Fingerspitzen, um feste Nägel zu bekommen. Als letztes, ehe ich mich flach auf den Boden legte, drückte ich mir eine Gurkenscheibe auf jedes Auge, um die Haut zu straffen.

Dann befestigte ich den Expander an der Türklinke, hing meine Handgelenke in die Schlingen und zog. Beim Versuch, die Arme längsseits meines Körpers zu bringen, spürte ich, wie meine pfefferminzbedeckten Beine mir bis über die Taille hochgezogen wurden.

Ich muß meine Beine fünf bis zehn Minuten lang gehoben und gesenkt haben, da spürte ich einen Schmerz – wie er nur durch eine gegen meinen Schädel geknallte Tür hervorgerufen sein konnte.

»Jemand zu Hause?« fragte mein Mann. Bei einer solchen Frage sah er mich immer an.

Ich versuchte mich aufzusetzen, aber dabei rutschte mir die eine Gurkenscheibe ins Handtuch.

»Ich wollte eben nachsehen, ob bei dir alles in Ordnung ist«, sagte er, »aber das kann ich mir jetzt selber beantworten.«

»Du verstehst nicht«, sagte ich, »ich habe eben fünfzig, wenn nicht sogar sechzig Dollar für den Schönheitssalon oder ein teures Fitneß-Center gespart. Ich nutze die Geheimnisse der Sterne.«

»Schau mich nicht an«, sagte er. »Ich erzähl' keiner Menschenseele, was ich eben gesehen habe. Gibt es Abendessen? Oder bist du das selber?«

Ich stand auf, hielt mühsam das Handtuch an mich gepreßt und strebte zur Dusche. »Das ist nun der Dank dafür, daß ich dir Geld sparen will. Ich arbeite mir die Finger blutig, ich knappse und knausere und mache alles selber, nur um größere Ausgaben zu vermeiden, und so dankst du mir?«

»Ich weiß«, sagte er. »Ich fand die Flöße aus Hühnerhälsen charmant. Ich meine nur, wenn du mir wirklich helfen und Geld sparen willst, könntest du beim Wagen anfangen.«

»Was soll ich denn mit dem Wagen tun?«

»Als erstes könntest du mal lernen, wie man selber tankt!«

Er wußte nicht, was er verlangte. Er sprach mit einer Frau, die jedesmal, wenn sie die Scheinwerfer einschalten wollte, versehentlich die Motorhaube öffnete. Mit einer Frau, die seit Jahren mit einem auf Lippenstifthöhe verstellten Rückspiegel fuhr. Mit einer Frau, die eines Tages von der Tankstelle wegfahren wollte, als ein Mann energisch an ihr Fenster klopfte. Als ich heftig auf die Bremse stieg, sagte er: »Ma'am, da ist Ihr Tankdeckel, den haben die vergessen draufzuschrauben.«

»Vielen Dank«, sagte ich und ließ ihn in meine Handtasche gleiten.

»Ja, wollen Sie ihn denn nicht auf Ihren Tank schrauben?«

»Angenommen, ich wollte«, fragte ich behutsam, »wohin müßte er denn da?«

Ich konnte mich gar nicht mehr erinnern, wann ich das letztemal getankt hatte. Mein Mann erledigte das auf dem Weg zur oder von der Arbeit. In Gedanken rechnete ich mit etwa 15 Minuten – rein und wieder raus. In der Meinung, ich sei auf der richtigen Fahrspur, überholte ich dreißig, vierzig Wagen vor mir und bog unmittelbar vor einem VW-Kabrio ein. Ich hielt. Der Fahrer sprang aus seinem Vehikel und klopfte an meine Windschutzscheibe.

»Wofür, glauben Sie, stehen wir hier an? Für ein Schrottwagenrennen?«

Einen solchen Gesichtsausdruck hatte ich bisher nur im Kino gesehen und mir geschworen, ihn nie wieder zu vergessen: als Rod Steiger den Pontius Pilatus spielte und Jesus von Nazareth verurteilte.

»Keine Angst«, lächelte ich, »ich brauche nicht den ganzen Service, ich bin Selbsttanker.«

Daraufhin drohte er, er würde Kleinholz aus mir machen. Also nahm ich meinen Platz am Ende der

Schlange ein und spielte mit anderen Wartenden das Kühlerspiel. (Jeder warf einen Vierteldollar in einen Topf. Der, dessen Kühler als erstes kochte, bekam das ganze Geld.)

Als ich ein paar Stunden später die Zapfsäule erreichte, stand dort ein Knilch mit einer Liste und fragte: »Wann waren Sie bestellt? Oder sind Sie Stammkunde?«

»Stammkunde wofür?« fragte ich.

»Für unser Benzin.«

»Wollen Sie mich verkohlen?«

»Nein. Wir nehmen nur eine gewisse Anzahl von Voranmeldungen täglich an. Das Benzin ist knapp, verstehen Sie.«

»Ich sage Ihnen was: Wenn Sie meinen Tank vollmachen, schenke ich Ihnen ein komplettes Frühstücksgeschirr, Dessertteller, Brotbrettchen, Tasse und Untertasse mit dem beliebten Ährenmuster.«

Er ließ die Liste sinken und bohrte sich mit einem Streichholzheftchen zwischen den Zähnen.

»Moment noch: Wenn Sie 40 Liter einfüllen, gebe ich Ihnen eine Styropor-Kühltasche und einen Satz Gläser mit den Porträts der Baseballhelden der vierziger Jahre – inklusive Autogramm.«

Als er sich kopfschüttelnd entfernte, schrie ich ihm nach: »Und wie wär's mit einer Regenkapuze im handlichen Reiseetui und Luftballons für Ihre Kinder?«

Zum Glück hatte ich gerade noch genügend Sprit,

um heimzukommen. Ich hatte drei Stunden für nichts und wieder nichts vertan. Es war unglaublich. Es gab keine Ordnung mehr auf der Welt. Früher lautete der Fahrplan: Donnerstags die Kosmetikerin, alle sechs Monate zum Zahnarzt, einmal jährlich zum Gynäkologen, alle drei Monate zum pädagogischen Berater meines Sohnes, alle fünf Wochen die Avon-Vertreterin, jeden Mittwoch den Mülleimer heraus, alle drei Stunden zum Supermarkt. Und jetzt? Jetzt war ich gezwungen, jeden ungeraden Tag alle zwei Wochen um halb vier nachmittags an der Tankstelle zu tanken, Öl zu wechseln, Reifendruck zu messen, außer wenn der Monat fünf Wochen hatte.

Kein Wunder, daß mein Mann mir den Wagen zum Warten überließ, diese Art des Wartens war ja tatsächlich eine Vollbeschäftigung.

Viele meiner Freundinnen sprachen vom Energie-Engpaß und wie stark er in ihr Leben eingriffe. Am intensivsten wirkte sich das Problem der Energiekrise bei der Frage aus, wie weit man heuer im Urlaub reisen konnte. Laut BILLIGER LEBEN gab es auch dafür die Lösung: einen wunderschönen Urlaub zu Hause.

Man stelle sich das doch nur vor: nicht 138 verschiedene, lebenswichtige Dinge abbestellen bzw. abstellen. Den Nachbarn keine Anweisungen hinterlassen müssen. Kein Gedränge der Familie im Wagen beim Start zum Moskito-See oder nach Knöchelbruchhausen in Texas oder sonstwo!

Kein verknurrter Ehemann, der nur 15 km am Tag schafft. Keine verknurrten Kinder, die sich gegenseitig mit den Knien im Wege sind. Keine verknurrte Mutter, die nichts vor sich sieht als eine Tasche voller Kleingeld für den Waschautomaten des Campingplatzes.

Mein Mann zeigte sich sehr mißtrauisch gegen derartige Daheimferien. Mein Sohn war schlicht sauer. Ich sagte zu ihm: »Wie wär's denn mal mit einem Urlaub in fabelhaftem Klima, mit zwei Kochherden, gutem Essen, einem Einzelzimmer für jeden, Fernsehmöglichkeit, Toilette innerhalb des Hauses? Ganz in der Nähe von Schwimm- und Einkaufsmöglichkeiten und deinen sämtlichen guten Bekannten?«

»Nö, klingt zu sehr nach zu Hause«, murrte er.

»Wir wollen es als eine Art Disneyland sehen«, meinte ich fröhlich. »Die Küche ist Abenteuerland, die Waschküche Frontland, die Garage Zukunftsland, das Badezimmer Hauptverkehrsstraße und das Schlafzimmer Traumallee. Außerdem . . .«, setzte ich noch hinzu, »könnten wir eine Menge kleinerer Touren machen und unseren Staat erforschen. Und uns zum erstenmal alle gegenseitig kennenlernen, ganz entspannt, statt immer nur in gestreßten Situationen aufeinanderzuprallen. Und denk immer an das viele Geld, das wir auf diese Weise sparen.«

Am ersten Ferientag hatte ich für meinen Mann eine Liste mit ein paar Kleinigkeiten, die im Haushalt zu erledigen waren, die er immer wieder aufgeschoben hatte.

Dazu gehörten das Düngen, Rollen, Ansäen und Schneiden des Rasens, das Befestigen der Fernsehantenne auf dem Dach, der Außenanstrich des Hauses. Ferner sollte er einen Luftbefeuchter am Boden des Wandschranks in der Diele installieren, zwei Schlafzimmer tapezieren, eine undichte Stelle hinter der Waschmaschine verkitten und – falls er dazu kam – die Küchenschränke abbeizen und in einem helleren Farbton streichen, damit es in dcr Küche nicht immer so dunkel war.

Am Morgen des zweiten Tages riefen Mona und Dick Spooner mit ihren zwei kleinen Söhnen Ricky und Richie aus Montana an. Sie waren eben durch die Stadt gekommen, und Mona war eingefallen, daß sie ihre alte Freundin seit Kindergartentagen nicht mehr gesehen hatte. Als ich fragte, wer diese alte Freundin sei, sagte sie: »Du.« Da mußte ich sie natürlich einladen, einige Tage bei mir zu wohnen.

Sie luden die Schmutzwäsche von 5 Jahren, 15 Koffer und eine Kühltasche aus, aus der es auf meine frischgebohnerten Böden triefte.

Während der folgenden drei Tage lernten wir die Spooners gründlich kennen.

Die Jungen fingen eben erst an zu sprechen, und waren noch nicht bis zu den vier schönsten Worten unserer Sprache vorgedrungen: MACH DIE TÜR ZU!

Wir entdeckten, daß Richie einen Ball 146 Stunden hintereinander gegen das Haus ballern konnte. Ricky wäre bei einer Gurgel-Olympiade in die Endrunde gekommen. Monas einzige geistige Beschäftigung bestand darin, in einem Baby-Doll-Pyjama vor dem Fernseher zu sitzen und die dümmsten Fragen der Ratespiele zu beantworten, wobei sie sich zu Dick umdrehte und fragte: »Stimmt doch, Schatz, oder?«

Ricky trank aus keinem Glas, das nicht desinfiziert war, wie in den Motels.

Richie warf gern Kieselsteine in die Toilette, weil es dann so schön blubberte.

Mona war allergisch gegen Haushaltspflichten und ließ mich die ganze Wäsche waschen, weil sie von elektrischem Kram keine Ahnung hatte.

Ricky füllte einen Kissenbezug mit all unseren Nippsachen (Muscheln vom Strand, Aschenbecher, Glasuntersätze und dergleichen) und stopfte ihn unter den Ersatzreifen ihres Kombiwagens, so daß wir nicht wußten, wie wir sie ohne eine Familienszene wiederkriegen sollten.

Die Spooners blieben vierzehn Tage, und damit war unser Urlaub so ziemlich zu Ende.

Einschließlich kleinerer Ausflüge, Lokalbesuche und zusätzlicher Lebensmittel sowie einer Rechnung über 80 Dollar beim Installateur, der die Blubber-Maschine wieder in Ordnung brachte, kostete uns ihr Besuch 450 Dollar. Nach der Erfahrung mit den Spooners verlor BILLIGER LEBEN für mich irgendwie an Vertrauenswürdigkeit. Ich hatte keine Lust mehr, Kleider aus zweiter Hand oder auf Flohmärkten und anderen billigen Gelegenheiten zu kaufen.

Wen erschütterte es, wenn ich die mexikanischen Saucen-Näpfchen aus dem Drive-In aufhob, oder mir mit Buntstift die Krampfadern anmalte, damit jeder glaubte, ich trüge Stützstrümpfe? Niemand!

Als Mutter nachmittags zu Besuch kam, sah sie das Buch im Bad auf dem Toilettentisch liegen.

»Wem gehört denn BILLIGER LEBEN?« fragte sie, als sie wieder in die Küche trat.

»Niemand mehr«, sagte ich. »Die Zeit der anonymen Artikel im Diskontmarkt ist bei mir vorbei. Ich befinde mich im Moment zwischen zwei Phasen der Weiterentwicklung.«

»Wenn du mich fragst, hat dir nie etwas gefehlt außer ein bißchen Organisation. Du rennst immer in letzter Minute in neun verschiedene Richtungen gleichzeitig wie ein Huhn mit abgehacktem Kopf. Du verstehst nicht, Entscheidungen zu treffen.«

»Ich schaff' es schon!«

»Wie denn? Warst du schon je bei etwas pünktlich? Nie!« beantwortete sie ihre Frage gleich selbst.

»Du würdest die Nationalhymne nicht erkennen, wenn du sie hörtest. Du hast noch nie von etwas die erste Runde gesehen, nie ein erstes Rennen, einen ersten Akt, die Eröffnung von etwas. Nie! Und sieh dir dieses Haus an! In jedem Zimmer Kaffeetassen,

Stapel von Zeitschriften, unter allen Möbeln Schuhe und mitten im Wohnzimmer ein Hundenapf . . .«

»Das ist eine Konfekt-Schale!«

»So, na jedenfalls frißt der Hund gerade etwas daraus. Hast du die kleine Broschüre über die Abendkurse an der High School nicht bekommen? Sie hieß so ähnlich wie BRING ORDNUNG IN DEIN LEBEN. Die müßtest du mal lesen. Du hast weiß Gott Nachhilfe nötig. Wann hast du das letztemal die Notizzettel an der Eisschranktür durchgesehen und weggeworfen?«

»Mutter! Ich wäre dir dankbar, wenn du nicht herkämst und die Art kritisiertest, wie ich meinen Haushalt führe! Wenn du es unbedingt wissen willst: Ich sehe jedesmal, wenn ich heimkomme die Botschaften an der Kühlschranktür durch und werfe sie dann weg.«

Sie trat näher an den Kühlschrank heran und löste ein vergilbtes Stück Pappdeckel davon ab. »Hast du das übersehen? Du sollst deinen Wagen zur Überholung bringen. Und hier steht, daß sie dir den Tank füllen und einen Satz Rührschüsseln schenken, wenn du den Gutschein vor dem 30. Juni 1959 einlöst.«

Bring Ordnung
in dein Leben

Zum Abendkurs BRING ORD-
NUNG IN DEIN LEBEN kam ich
etwas zu spät. Ich konnte aber nichts
dafür. Erst war der Braten innen noch gefroren, als ich
ihn ins Rohr schob, und dann gab es im ganzen Haus
keine Uhr, deren Zeitangabe zu den anderen paßte,
und an den Kreuzungen erwischte ich zweimal Rotlicht.

Zum Glück fand der Kurs in der Nähe statt. Ich glitt
in einen Klappsitz unweit der Tür und sah mich um.
Es waren ungefähr ein Dutzend Erwachsene, die da
zusammengekommen waren, um Ordnung in ihr
Leben zu bringen. Die Frau auf der anderen Seite des
Mittelgangs lächelte und flüsterte mir zu: »Ich heiße
Ruth.« Sie hatte zwei verschiedene Socken an.

Ein Mann hinter mir fragte, ob er meinen Bleistift
borgen dürfte. Ein anderer Mann verließ mit einer
Entschuldigung den Raum: Er habe die Scheinwerfer
brennen lassen.

Es war vollkommen klar, daß ich nicht hierher gehörte. Das waren doch lauter Hoffnungslose, die ohne irgendeine Reihenfolge, ein System mit ihrem Leben nicht mehr zurechtkamen.

Ich wühlte in meiner Handtasche und mußte schließlich versuchen, ohne Brille zu lesen, was die Lehrerin, Mrs. Sonntag, an die Tafel geschrieben hatte. Es war ein Quiz-Fragebogen, wie systematisch wir denn nun wirklich seien. Die eine Reihe Fragen war für die Männer, die andere für die Frauen. Pro Antwort gab es zwischen einem und zwölf Punkte.

1. Sind Wachskerzen in Ihrem Haus ein Hauch Romantik oder die hauptsächliche Lichtquelle, weil Sie vergessen haben, die Stromrechnung zu zahlen?

2. Leben Sie immer noch aus Packkisten, obwohl Ihr Umzug (Zutreffendes bitte ankreuzen) fünf Jahre (□), zehn Jahre (□), fünfzehn Jahre (□) zurückliegt?

3. Haben Sie die Weihnachtskarten, die Sie im Januar zum halben Preis gekauft haben, jederzeit griffbereit?

4. Hat eingehende Post bei Ihnen einen festen Platz auf dem Schreibtisch, oder benutzen Sie sie als Schäufelchen beim Auffegen des Küchenbodens?

5. Räumen Sie nach jeder Einkaufsfahrt die Lebensmittel in die Schränke ein, oder benutzen Sie sie gleich vom Wagen aus?

6. Verlegen Sie oft Dinge des täglichen Gebrauchs wie Schlüssel, Handtaschen, Brille, Kinder?

7. Vergessen Sie wichtige Daten wie Geburtstage, Termine beim Zahnarzt, Tollwutimpfungen für den Hund oder Weihnachten?

8. Können Sie eine Schranktür öffnen, ohne sich dabei zu verletzen?

9. Wäre es Ihnen peinlich, wenn Gäste ohne Ihre Begleitung im Haus herumwanderten?

10. Erledigen Sie das Notwendige an einem bestimmten Tag, oder überlegen Sie immer: Was haben wir denn heute für einen Tag?

Ich beugte mich zu Ruth hinüber und borgte mir ihre Brille (sie war mit einer Büroklammer notdürftig repariert) und beantwortete die Fragen so gut ich konnte. Meine Punktzahl war kläglich. Doch das bewies gar nichts. Ich konnte mich schon irgendwie durchmogeln. Schließlich war ich fünfzehn Jahre lang Schriftstellerin gewesen und hatte keinen Redaktionsschluß versäumt. Diese strenge Schule hatte selbstverständlich auch mein Privatleben stark beeinträchtigt. Kein Wunder, daß an meiner Tür das Schild hing: HAUS AUSSER BETRIEB.

Mrs. Sonntag sagte, nächste Woche sollten wir einmal versuchen, uns ein bestimmtes Gebiet unserer täglichen Haushaltspflichten vorzunehmen und es durchzuorganisieren. Mit anderen Worten: Ordnung sei das halbe Leben. Ruth und ich gingen zusammen weg, sie wollte mich bis zu meinem Parkplatz mitnehmen (Auch sie war zu spät gekommen und hatte ihren Wagen irgendwo im Halteverbot stehen, dort, wo es hieß: ›Wagen werden kostenpflichtig abgeschleppt‹). Wir sprachen über unsere Schwächen. »Das Schlimmste bei mir ist, ich bin Perfektionist«, sagte Ruth. »Haben Sie einen Kleiderbügel mit?«

»Wozu denn?«

»Ich habe meine Schlüssel im Wagen eingesperrt. Ich bin ein Mensch, der sich nicht mit Mittelmäßigem zufriedengibt«, erklärte sie, nahm die Halskette ab und machte daraus eine Schlinge, um den Türknopf hochzuziehen. »Achtung. Jetzt! Ich hab' ihn«, triumphierte sie. »Wissen Sie, früher habe ich sogar die Windeln gebügelt. Der einzige Grund, warum ich in diesen Kurs gehe, ist der: Ich muß lernen, Kompromisse zu schließen. Sonst werde ich noch wahnsinnig. Und was ist Ihr Problem?«

»Meine Mutter«, sagte ich. »Sie meint, ich müsse systematischer werden. Sie selbst ist so systematisch, daß sie ihre nächsten Kopfschmerzen vorausplant.«

Ruth nickte. »Den Typ kenne ich.«

»Bei ihr stehen die Gewürze in alphabetischer Reihenfolge. Nach jedesmaligem Gebrauch des Herdes putzt sie die Spritzer ab. Und sie räumt jedes Jahr ihren Kleiderschrank um: von Winter auf Sommer und umgekehrt.«

»Im Ernst?«

»Ja, im Ernst. Ich habe meine Mutter noch nie im Sommer mit Wildlederhandtasche gesehen. Außerdem hortet sie Schachteln. Ich habe Schals von ihr in Briefpapierkartons geschenkt bekommen, eine Bluse in einem Schuhkarton und einmal zum Geburtstag einen Anhänger in einer Schachtel mit der Aufschrift: Fieberthermometer. Zu Weihnachten kriege ich von Mutter jedesmal etwas in einer Tiffany-Schachtel. Dabei hat Mutter nie einen Fuß zu Tiffany hineingesetzt. – Saubere Schächtelchen, sauber gestapelt, in sauberen Schränkchen«, schwärmte ich weiter, »Schachteln, um Kuchen darin zu transportieren, lebende Hamster, Wäsche und Proviant für Picknicks. Versandschachteln, Aufbewahrschachteln, Schachteln, um das Feuer im Kamin in Schwung zu bringen, Schachteln für schlafende Hunde, für Fotos, für Andenken. Schachteln zum Kramen an einem Regentag. Schachteln für Überschuhe neben der Tür. Schachteln, um die gebackenen Bohnen hineinzustellen, damit sie im Kofferraum nicht überschwappen. Schachteln, um ein Geburtstagsgeschenk für ein Kind darin zu verpacken, Schachteln in allen Größen . . .«

»Also dann«, sagte Ruth, »es hat mich gefreut, Sie kennenzulernen. Ich seh' Sie dann nächste Woche beim Kurs.«

»Vielleicht«, sagte ich zurückhaltend.

»Das Wichtigste beim Organisieren«, meinte Ruth lächelnd, »ist der Terminkalender, den man immer bei sich hat.« Sie zog ein grünes, ledergebundenes Büchlein mit dem Aufdruck *Kalender* heraus und blätterte das Datum auf. »Wollen mal sehen«, sagte sie. »Nächsten Dienstag, das wäre der 16., und der Kurs beginnt um sieben Uhr. Wie ich schon sagte: Ich bin Perfektionist.« Damit schlug sie das Büchlein zu. In goldener Prägung stand darauf: 1964.

Beim zweiten Kursabend von BRING ORDNUNG IN DEIN LEBEN hielt ich Ausschau nach Ruth, doch sie erschien nicht. Das war schade, denn diesmal ging es um etwas, was mir lange unbegreiflich geblieben war: darum, wie man sich den häuslichen Papierkram erleichtern kann.

Zwar verfügte ich über einen Schreibtisch, doch der war total verkramt, und die geschäftliche und private Korrespondenz geriet mir immer durcheinander. Mein Scheckbuch war seit Jahren nicht auf gleich gebracht worden.

Mrs. Sonntags Ratschläge waren fabelhaft. Sie sagte, es gäbe da ein Blatt, das genau in mein Scheckbuch hineinpaßte, und auf dem könne ich jeden Scheck eintragen, mit Datum, Schecknummer und auf wen er ausgestellt war, samt dem Betrag.

Ich muß sagen, das hätte doch schon vor Jahren jemand einfallen können. Es machte die Sache wirklich wesentlich leichter.

Mrs. Sonntag gab uns sogar Hausaufgaben. In der kommenden Woche sollten wir *einen* unserer Schränke ausräumen. »Greifen Sie rücksichtslos durch«, mahnte sie. »Werfen Sie alles weg, was Sie nicht benutzen. Wir haben alle die Neigung, Dinge aufzuheben, die wir nicht brauchen und trotzdem nicht wegwerfen wollen. Tun Sie es!«

Noch während sie sprach, wußte ich, was ich zu tun hatte: den Schrank meines Mannes auszuräumen, dieses Sammelsurium aller vier Jahreszeiten. Jedesmal, wenn ich die Tür aufmachte, kam ich mir vor wie in der berühmten Zeitmaschine. Sein erstes Paar langer Hosen. Die Knickerbocker, die er zur Erstkommunion bekam. Der doppelreihige dunkle Anzug, in dem er Abitur gemacht hatte. Die Nehru-Tunika. Alles war noch da. Außerdem seine Schlittschuhe, Kegelkugeln, Drachen, Aufsatzhefte, alte Zeugnisse, Straßenkarten und fünfzehn Jahrgänge der Lehrerzeitschrift.

Mit seinen Sachen war er komisch. Ein einziges Mal wollte ich ihm den Koffer packen, als er auf Urlaub fuhr, aber da wurde er kratzbürstig und behauptete, das könne nur er selber. Sein Gepäck wog dann ca. 1000 Kilo. Er hatte für jede nur vorstellbare Gelegenheit gesorgt. Sollte er den Friedensnobelpreis bekommen – er hatte den entsprechenden Anzug bei sich. Sollte er im Gefängnis landen – er hatte den nötigen Anzug bei sich. Er konnte ein Torpedoboot durch einen Sturm steuern, hatte Tauschartikel für Mulis und deren Führer im fernsten Dschungel bei sich. Er führte die nötige Ausrüstung mit für Schnorcheln, Diskothekbesuche, Safaris, Tee-Einladungen bei Hof, Bummel- und Freizeitbekleidung und außerdem solche, die man statt eines Trinkgelds hinterlassen kann.

Beim Durchforsten seiner Sachen befolgte ich drei Grundregeln aufs I-Tüpfelchen genau
a) Habe ich es kürzlich getragen oder benutzt?
b) Werde ich es je wieder tragen oder benutzen?

c) Hat es irgendwelchen Erinnerungswert für mich?

Da es sich um seinen Schrank handelte, war die Entscheidung relativ leicht.

Mit einem befreiten Gefühl rief ich den Verein an, der ehemalige Streuner beschäftigt und abgelegte Kleider, abholt. Ein Lastwagen fuhr vor, und ich winkte dem Ausgemisteten fröhlich nach.

Der Augenblick, in dem mein Mann entdeckte, was ich getan hatte, ließ sich zeitlich genau bestimmen. Man hörte ihn bis in den Nachbarstaat. »Was hast du mit meinen Sachen gemacht?«

»Ich habe aufgeräumt«, erklärte ich stolz.

Fassungslos schüttelte er den Kopf. »Doch nicht meine Hosen mit den Taschen? Doch nicht meinen Glückspullover, den ich bei Kriegsende anhatte? Doch nicht meine abgelatschten Tennisschuhe?«

Er hätte sich nicht so anzustellen brauchen. Keine Woche später war der Lastwagen mit dem Schrankinhalt wieder da, samt Begleitbrief, in dem es hieß: »Wir sind bedürftig, aber noch nicht völlig abgebrannt.«

Ein paar Kursabende von BRING ORDNUNG IN DEIN LEBEN ließ ich aus, aber als ich wieder hinging, traf ich Ruth.

»Wo sind Sie denn gewesen?« fragte ich.

»Ich sagte Ihnen ja schon, ich bin Perfektionist«, antwortete sie. »Ich bin damals nach dem ersten Abend heimgegangen und habe angefangen, allen nackten Puppen meiner Tochter Kleidchen zu nähen. Das hat länger gedauert, als ich dachte. Und Sie? Haben Sie inzwischen Ihr Leben umgestellt?«

Das konnte ich ihr bestätigen. Mein Brattopf für den Weihnachtsputer war jetzt in ein so hohes Fach weggeräumt, daß man Nasenbluten bekam, wenn man ihn holen wollte. An jeder Tür des Hauses waren Haken angebracht, Fächer in jedem noch verfügbaren Eckchen der Schränke, und ich war eine solche Musterhausfrau geworden, daß ich jedesmal nach dem Reinigen der Toiletten sterilisierte Papierstreifen über die Brillen legte. Ich wagte mich sogar vor bis ins Schlafzimmer meines Sohnes.

»Wie lange waren Sie denn schon nicht mehr drin?«

»Seit 1976. Damals hatte er die Grippe.«

»Und wie alt ist er jetzt?«

»Abiturient.«

»Dann wird er wohl kommendes Jahr auf irgendein College gehen.«

»Wahrscheinlich nicht. Wir haben noch nicht darüber gesprochen. Ich muß ehrlich sagen, daß ich mit meinem Sohn auf keinem sehr vertrauten Fuß stehe. Er ist das letzte meiner Kinder, das noch zu Hause ist, und wir scheinen aus verschiedenen Welten zu stammen. Irgendwann habe ich bei ihm versagt.«

»Du meine Güte! Wenn Sie an seiner Zimmertür Haken anbringen und über seinem Wäschekorb einen Basketballreifen, was will er denn noch? Socken, die zueinander passen?«

»Er will gar nichts, das ist es ja. Wahrscheinlich ist es

meine Schuld, daß er nicht öfter zu Hause ist. Wenn er da ist, schreie ich ihn ja doch nur an. Ich beklage mich, weil ich auf Schritt und Tritt hinter ihm herräumen muß.«

»Wieso? Was ist denn daran falsch?«

»Ich schreie ihn an, weil er zu spät kommt. Ich schreie ihn an, weil er den Wagen demoliert hat. Ich schreie ihn an, weil er sich keinen Job sucht. Ich schreie ihn an, weil er schlechte Noten heimbringt.«

»Und wenn schon. Haben Sie nicht allen Grund?«

»Sie verstehen mich nicht, Ruth.«

»Doch, ich verstehe Sie sehr gut«, sagte sie. »Sie leiden an einem Schuldkomplex. Sie fragen sich, wie man Ihrer gedenken wird, wenn Sie einmal nicht mehr sind, nicht wahr? Mit einem aufrechten Grabstein mit den eingemeißelten Worten: ›Eine Mutter, die genügend liebte, um auch mal zu schimpfen‹ oder mit einem flachliegenden, wie einer Fußmatte, mit der Inschrift WILLKOMMEN, damit nur ja jeder drauftreten kann? Gewöhnen Sie sich Ihre Schuldkomplexe ab, meine Liebe, und fangen Sie ein Eigenleben an. Es wird Zeit. Machen Sie es wie ich. Vor zwei Jahren dämmerte es mir plötzlich. Ich hatte eben ein Buch ausgelesen, das hieß: SCHULD UND SCHIMPFE. Eines Morgens machte mein Sohn das Frühstück, und das Eigelb zerlief ihm. Da rief er: »Mom, das Ei hier kannst *du* essen«, und schlug sich ein neues in die Pfanne. Das war der Moment! Ich faßte einen Beschluß. Ich sagte laut: Von heute ab werde ich nie wieder ein Spiegelei mit zerlaufenem Eigelb essen.«

»Eine wunderschöne Geschichte«, sagte ich.

»Es könnte Ihre Geschichte sein. Alles verändert sich. Wir brauchen kein schlechtes Gewissen mehr zu haben, nur weil etwas so oder anders sein sollte. Holen Sie sich das Buch, lesen Sie es! Es hat Spaß gemacht, wirklich! Bei Ihnen weiß ich es ja nicht, aber ich persönlich habe viel profitiert bei diesem Kurs. Von jetzt an werde ich Ordnung halten in meinem Leben, immer erst nachdenken, ehe ich spreche, planen, ehe ich handele und handeln, ehe ich es wieder aufschieben kann. Ich glaube, jetzt weiß ich wie. Auf bald, Edna.«

»Mein Name ist Erma«, sagte ich.

Schuld
und Schimpfe

Ruth hatte das eine Wort ausgesprochen, das ich äußerst ungern hörte und mit dem ich mich äußerst ungern beschäftigte: Schuld. Was sie nicht wußte: Ich bin der Champion für schlechtes Gewissen. Bei einer Schuldkomplex-Olympiade gewänne ich mühelos den Zehnkampf. Die einzelnen Disziplinen sind die folgenden:

1. Zehn Runden das Telefon läuten lassen, wenn Mutter anruft. Ich weiß instinktiv, daß sie es ist, und lasse läuten, bis ich eine Tasse Kaffee und einen Kalender am Apparat bereitgestellt habe.

2. Weitsprung über den Küchentisch. Wann immer sich jemand nach etwas Fehlendem umschaut, seien es Salz, Pfeffer, Senf, Ketchup, die Zuckerdose, springe ich auf wie eine Gazelle und bringe es in einem Tempo, als hätte ich Sprungfedern in den Knien.

3. Das Dreißigminutenschläfchen. Wenn ich plötzlich einen Schlüssel im Schloß höre, springe ich auf, klatsche mir kaltes Wasser ins Gesicht, wanke in die

Küche und beschäftigte mich dort hektisch. Falls meinem Mann auffällt, daß ich das Muster des Sofakissens auf der Wange trage, lüge ich: »Das ist ein Ekzem.«

4. Das große Resteessen. Gelegentlich stopfe ich am Tisch, statt die Reste von den Tellern in den Abfalleimer zu kratzen, diese in Erma hinein.

5. Der Sonntagabend-Sprint, weil am Montag früh ein Aufsatz abgeliefert werden muß. Mein Kind hat die Aufgabe zwar schon vor Wochen bekommen, aber immer wieder aufgeschoben, und nun glaube ich mich verpflichtet, mir einschlägige Fachliteratur zur »Geschichte des Bindfadens« borgen zu müssen – von einer Frau, die am anderen Ende der Stadt in einer Straße wohnt, die nach Abzweigen von der Stadtautobahn dreimal ihren Namen ändert.

6. Der Hürdenlauf um neue Vorhänge. Sechs Jahre warte ich jetzt. Sechs Jahre lang habe ich sie opfern müssen, für Trommelstunden, des Jungen, für ein Zehngangfahrrad, für eine Wurzelbehandlung, ein Ferienlager zum Abspecken, eine Konzertgitarre und zwei Gürtelreifen.

7. Hindernislauf mit jungem Hund. Trotz wiederholter Proteste gegen einen jungen Hund habe ich mich schließlich doch überreden lassen. Nun habe ich ein gänzlich neues Wohngefühl. Ich lebe im Land der tausend Seen, habe echte Hundehaar-Teppiche und eine bellende Türklingel.

8. Der Speerwurf durchs Herz. Wer immer als erstes

abends heimkommt, schaut mir ins Gesicht und fragt: »Ist jemand zu Hause?« Und wenn ich dann sage: »Ja, ich«, bekomme ich zur Antwort: »Nein, ich meine *jemand.*«

9. Das un-mütterliche Foto-Mäppchen. Mir wird jedesmal schlecht, wenn jemand eine Art Brieftasche herauszieht, die sich in die Länge bleckt wie eine Zunge und 187 Fotos von Kindern enthält. Ich wühle dann in meiner Handtasche, finde einen halben Kaugummi, einen Parkschein, und eine Stoffprobe, zu der passend ich etwas besorgen muß und murmele dann die lahme Entschuldigung: »Die Fotos von meinen Kindern habe ich nicht bei mir – sie sind in der Reinigung.«

10. Der 1500-m-Langlauf. Wo immer ich mich befinde, bekomme ich einen Anruf meiner Kinder, dann werfe ich meine Bridgekarten auf den Tisch, laufe ich den Mittelgang hinunter, unterbreche ich mein Spiel, höre ich auf zu essen, verstumme mitten im Satz und spurte nach Hause, nur um aus dem Munde meiner Kinder die wundervolle Lobpreisung zu hören: »Na, bloß gut, daß du zu Hause bist, ich hab' nämlich meine Schlüssel vergessen.«

Ich bin seit langem darauf gekommen, daß die Sache mit der Schuld etwa so ist wie mit Müttern: Jeder Mensch hat mindestens *eine.* Er reicht sie der nächsten Generation weiter wie die berühmte Fackel. Wenn man es sich recht überlegt – die Mütter weinen in althergebrachter Weise, wenn man heiratet, wenn aber ein Kind zur Welt gekommen ist, lächeln sie schadenfroh, als wollten sie sagen: »Warte nur, du kriegst schon noch dein Fett . . .« Ich hatte keine einzige Freundin, die nicht zu hören bekommen hatte, daß ihre Mutter ihretwegen 36 Stunden in den Wehen gelegen hätte, daß ihre Schwangerschaftsstreifen in der Sonne nie braun wurden und daß ihr Erscheinen auf dieser Welt mit einer Wirtschaftskrise zusammenfiel, »was sicher nur Zufall sei, aber man könne ja nie wissen . . .«

Als ich 25 wurde, hatte ich bereits eine Liste von Dingen beieinander, die ich mein Leben lang bereuen würde. Sie hätte eine ganze Wand bedeckt.

»Wenn du das Kind brüllen läßt und dir dabei weiter die Nägel polierst, wirst du es dein Leben lang bereuen.« »Wenn du nicht sofort aufstehst, ein Anti-Grippe-Mittel nimmst und zur Schule fährst, wo Andy bei der Erntedankfeier das Weizenkorn spielt, wirst du es dein Leben lang bereuen.«

»Wenn du nicht die fetten Saucen wegläßt und dich eisern auf Quark umstellst, wirst du es dein Leben lang bereuen.«

»Wenn du deinen Mann nicht auf dem Angelausflug an den Verschütt-See begleitest, wo die Hütte nur einen Holzofen hat, die Lufttemperatur 35, die Wassertemperatur des Sees (voller Blutegel) 10 Grad beträgt, und so tust, als amüsiertest du dich köstlich, wirst du es dein Leben lang bereuen.«

Wenn ich beim Zahnarzt angesagt war, hatte ich ein schlechtes Gewissen. Wenn ich schläfrig war und früh zu Bett ging, hatte ich ein schlechtes Gewissen. Wenn uns die Zahnpasta ausging, hatte ich ein schlechtes Gewissen. Wenn jemand mich nach der Zeit fragte und meine Uhr war stehengeblieben, hatte ich ein schlechtes Gewissen.

Beim Waschmaschinenmechaniker, der für 42 Dollar ein Windelhöschen aus dem Abflußschlauch entfernte, entschuldigte ich mich dafür, daß mein Kind noch nicht sauber war.

Ich entschuldigte mich beim Babysitter, daß der Fernsehempfang so schlecht sei und ich keine frische Zitrone für die Cola hatte.

Ich entschuldigte mich sogar bei einem Telefonbeantworter, der mich bat, am nächsten Tag zur Bürozeit nochmals anzurufen.

Aber die ärgste aller im Namen des seelischen Gleichgewichts begangenen Sünden war doch die einer Mutter, die morgens nicht rechtzeitig aufstand, um der Familie das Frühstück zu machen. Es war unvorstellbar . . . es war un-amerikanisch . . . es war schlechterdings gewissenlos. Ich habe mir schon manchmal gedacht: Wenn es Lehrfilme für Bräute gäbe, könnte einer so manche von der Eheschließung abhalten: der, in dem die Mutter am Morgen ihre Familie startklar macht.

Ein Musterbeispiel für Schuldgefühle!

Ich bekam die Vorwürfe, wenn die Milch zu heiß, das

Brot noch gefroren und der Küchenfußboden für die nackten Füße meiner Lieben zu kalt war.

Ich war schuld, daß sie ihre Hausaufgaben nicht fertiggemacht hatten, weil ich ihnen um 1 Uhr nachts das Licht abgedreht und verlangt hatte, daß sie schlafen gingen. Ich nahm auf mich, daß ihre Turnsachen noch nicht trocken waren, weil ich sie die ganze Nacht in der Waschmaschine gelassen hatte, statt mir den Wecker zu stellen und sie in die Trockenschleuder zu stecken.

Hatte eine Gabel verbogene Zinken, ich bekam den Krach. Selbstverständlich war ich es schuld, wenn das Entschuldigungsschreiben nach einer Krankheit nicht fertig war, ehe die Kinder aus der Tür mußten.

Zwang ich sie, ihre Betten zu machen, so blieb ihnen dadurch keine Zeit mehr, auf die Toilette zu gehen, und dann ging das Kopfweh, das sie den ganzen Tag hatten, auch zu meinen Lasten.

Trödelten sie und verpaßten den Schulbus, mußte ich sie zur Strafe zum Unterricht fahren und später wieder abholen. Waren sie erst einmal draußen, so besichtigte ich, was auf ihren Tellern liegengeblieben war. Aß ich es, verletzte ich die Diätregeln und war rückfällig. Warf ich es weg, war ich eine Verschwenderin und eine schlechte Hausfrau.

Ich war eine bequeme Zielscheibe, das wußte jeder. Ich konnte kein Gespräch führen, ohne daß mich jemand fragte: »Haben Sie dafür tatsächlich den vollen Listenpreis gezahlt?« – »Haben Sie das Kind volle neun Monate ausgetragen?« – »Wollen Sie im Ernst behaupten, vier volle Jahre auf dem College gewesen zu sein, ohne je richtig Bridgespielen zu lernen?« – »Sie haben nicht stillen können? – Wie tragisch!«

Mit dreißig wußte ich immerhin schon so viel über Schuldgefühle, daß ich davon ein bißchen an andere delegieren konnte. Schließlich muß man seinen Kindern ja mit gutem Beispiel vorangehen.

Da ich von jeher kläglich versage, wenn ich längere Ansprachen halten oder auch nur mit erhobener Stimme sprechen soll, hielt ich mich an die stumme Methode, um Schuldgefühle bei anderen hervorzurufen. Diese Spielart wird stark unterschätzt, sie ist sehr wirkungsvoll.

Ich beginne mit der altehrwürden, unwiderstehlichen klassischen Variante: dem Seufzer.

Wann immer eines der Kinder sein Glas zu voll gießt, sitze ich stumm da und schaue drein, als sei mir eben mein Lieblingspapagei gestorben. Dann atme ich ganz langsam tief ein (bei so was darf man nicht hudeln!), so tief, daß der Atem in meiner Kehle steckt, dann lasse ich ihn langsam wieder heraus.

Macht man das langsam und gefühlvoll, wird auch dem Begriffsstutzigen klar, daß er sich gewaltig zu schämen hat.

Eine andere Lieblingsnummer von mir ist die Pantomime mit knappen Dialog. Sie ist etwas dramatischer, tut aber auch ihre Wirkung. Wenn mir einer meiner Söhne mitteilt, daß er justament am Muttertag mit einer befreundeten Familie picknicken fährt, richte ich mich sehr gerade auf (das ist wichtig, denn es beweist Mut) und lächle ihm schwach, aber tapfer zu. Dann hole ich ohne weitere Kommentare ein Stück schwarzen Stoff und drapiere damit seinen leerbleibenden Stuhl am Eßtisch. (Zu diesem Zeitpunkt sollte ihm bereits so mies sein, daß er schon die Absage formuliert.) Jetzt ist alles bereit für den großen Knüller. Ich lächle schmerzlich und entringe mir mit versagender Stimme: »Also dann amüsier dich gut, Junge.«

Mein größter Hit aber war die Do-it-yourself-Nummer. Wenn ich meinen Mann oder eines der Kinder bitte, den Abfalleimer bis zur Gehsteigkante mitzunehmen und sie nicht sofort reagieren, patsche ich in Pantoffeln selbst hinaus (vorzugsweise wenn Schnee liegt) in einem Mantel, der nicht paßt, ohne Mütze und Handschuhe und zerre den Eimer zentimeterweise klirrend die Einfahrt hinunter, eine Hand fest in die Seite gestemmt.

Bei dieser Operation kommt es darauf an, wenig zu sagen, eine Leidensmiene zu zeigen, gewaltig zu zerren und gelegentlich einer Nachbarin zuzurufen: »Haben Sie ein Glück! Ihre Familie hat Sie lieb.«

Eines Nachmittags verkündete ich Mann und Sohn, daß die Fernsehantenne mal wieder davongeflogen sei. Keiner rührte sich. Ich stöberte lautstark in der Garage nach einer Leiter, schleppte sie hinüber ans Haus und erstieg langsam das Dach. Ich mußte fast eine dreiviertel Stunde droben warten, ehe mir jemand folgte.

Das bestätigte meinen Verdacht. Ruth hatte also doch recht. Es wurde höchste Zeit, daß ich das Buch SCHULD UND SCHIMPFE las. Es war zwar zwei Jahre alt, meiner Situation aber immer noch zwanzig Jahre voraus. Der Autor, ein gewisser Jim Preach, ermahnte alle Erwachsenen, ihre Traditionswerte über Bord zu werfen. Die zwischenmenschlichen Beziehungen seien im Umbruch. Die Zeiten, in denen die Familie eine verschworene Gemeinschaft war, seien zu Ende. Nie habe dabei das Individuum Spielraum zur Entfaltung gehabt. Niemand brauche ein schlechtes Gewissen zu haben, nur weil das endlich vorbei sei.

Schon wurde mir besser. Allein die Gewißheit, nicht mehr verantwortlich zu sein, wenn mein Sohn schmutzige Unterhosen trug – im Fall, daß ihm ein Unfall zustieß –, ließ mich aufatmen.

Außerdem schrieb Jim, eine Menge Schuldgefühle entsprängen der Tatsache, daß man für sich und andere die Ziele zu hoch stecke. Man mag ja manchmal anderer Meinung sein, meinte der Autor, doch man kann sich trotzdem um gegenseitiges Verstehen bemühen.

»Sind Sie uneins mit Ihren Kindern, zwingen Sie sie nicht, sich ihres Tuns zu schämen, und schämen Sie sich selbst nicht, anderer Meinung zu sein. Halten Sie gewisse Kommunikationswege offen, und bewahren Sie Kontakt.«

Leichter gesagt als getan. Kinder und Eltern lebten in getrennten Welten. Ich konnte mich weder an die neue Moral noch an den sogenannten Zukunftsschock gewöhnen. Wie sollte eine Frau, die einst bitter bereut hatte, durch das Tragen von Lackschuhen Begierden im Herzen eines Knaben geweckt zu haben, in einem Haus leben können, in dem ihre Kinder die Sendung »Die fliegende Nonne« im Fernsehen sahen und glaubten, damit ihrer Osterpflicht genügt zu haben.

Was wir Eltern anfangs für eine Kommunikationslücke gehalten hatten, war zum kulturellen Abgrund geworden, der täglich breiter wurde.

Noch während wir Eltern unseren Kindern ein Loch in den Bauch redeten, sie hätten sich für Abiturgeschenke schriftlich zu bedanken, beschlossen sie bei dieser Feierlichkeit gar nicht mehr anwesend zu sein.

Noch während wir Eltern sie aus den Betten aufrüttelten und ihnen auftrugen, das Gras kurz zu halten – rauchten sie es.

Eines Nachmittags ging ich ans Telefon, weil es geklingelt hatte. Am Apparat war ein Mädchen und wollte meinen Sohn sprechen. Zu meiner Zeit riefen Mädchen einen Jungen nur an, wenn sie ihm die Hausaufgaben durchsagen mußten oder um ihn zu einer Quadrille aufzufordern.

Um mein Mißfallen über die neuen Sitten auszudrücken, holte ich ganz langsam tief Luft, und wollte meine Seufzernummer abziehen. Mein Sohn sah mich scharf an. Und da lächelte ich, wenn auch mein Gesicht dabei blau anlief.

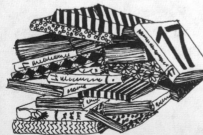

So könnte
es klappen

Für Begleitpersonen, sogenannte Chaperons, auch Anstandswauwaus genannt, ist ein ganz besonderer Platz im Himmel reserviert, wo die Sonne ewig scheint, Krampfadern verschwinden und die Bar niemals schließt. Ein paar Jahre lang hatte ich in selbstgewähltem Exil von sämtlichen Schulfeiern gelebt, hauptsächlich deshalb, weil ich der Meinung war, ich hätte meine Strafzeit längst abgebüßt. Ich war ins Ferienlager gefahren und hatte halbrohes Huhn gegessen, gekocht über einer durchlöcherten Blechdose, ich hatte eine Gruppe Erstkläßler durch eine Schokoladenfabrik geführt und ganze Sommer lang auf harten Bänken gesessen, um die ›Giants‹ gegen die ›Dust Devils‹ 87:34 siegen zu sehen.

Als die Studienberaterin der Oberklasse, eine gewisse Mrs. Bitterly, mich als Begleitperson für den Collegeball anforderte, sagte ich daher instinktiv zunächst einmal ab.

Dann holte ich mein altbewährtes Benimmbuch heraus und schlug nach, was man als Anstandswauwau zu tun hatte. Es hieß da: »Die Anwesenheit einer erwachsenen Person bewahrt unsere Jugend vor möglichen Dummheiten und rettet sie in Situationen, aus denen sich zu befreien ihr noch die nötige Reife fehlt.«

Das klang gar nicht so übel. Schließlich gab es wirklich keinen besseren Weg, die heutige Jugend begreifen zu lernen, als einen Abend mit ihr zu verbringen.

Diese Art von Logik füllt die Irrenanstalten!

Zunächst einmal teilte mein Sohn mir mit, auf diesen Ball ginge er nicht. Es sei viel zu teuer, sich einen Smoking zu leihen, außerdem wäre ein solcher Abend stinklangweilig, und im übrigen habe noch kein Mädchen ihn dazu aufgefordert.

Am folgenden Mittwoch berief Mrs. Bitterly die Chaperonen oder Begleitpersonen zu sich, um uns zu eröffnen, was uns erwartete.

»Sollte eine von Ihnen Schwierigkeiten beim Hören haben« sagte sie, »soll sie es bitte sofort melden.«

Eine Frau sagte: »Ich höre ausgezeichnet.«

»Dann sind Sie entschuldigt und können gehen«, entschied sie. »Wir suchen Personen, deren Hörfähigkeit bereits beeinträchtigt ist. Möglicherweise treten nach diesem Abend mit Musik bei manchen Appetitlosigkeit, Brechreiz, Unfruchtbarkeit auf. Die unter Ihnen, die geübte Lippenleser sind, werden keinerlei Schwierigkeiten haben. Noch etwas: Dieses Jahr lassen wir das Stempeln der Hände weg. Früher haben wir jedem Ballbesucher einen Stempel auf die Hand gedrückt. Wenn er dann hinausging und wieder hereinkam, sah man den Stempel unter einer Leuchtstofflampe. Aber voriges Jahr bekam Mrs. Miller Ärger mit ein paar älteren Rowdies, die sich uneingeladen dazugedrängt hatten und den Eintrittsstempel auf die Zunge tätowiert trugen. Mit denen wollte sie sich lieber nicht anlegen.

Ich kann es nicht oft genug betonen: Machen Sie Ihre ganze Autorität geltend. Wenn Sie auf dem Parkplatz drei Maskierte mit Brechstange sehen, die Wagen auseinandernehmen, drohen Sie ihnen bitte mit etwas Eindrucksvollerem als ›Ihr werdet wohl wissen, daß ihr euch nach so etwas nicht mehr um den Robert-Frost-Lyrikpreis bewerben könnt.‹ Und ehe Sie irgend etwas weitermelden oder auffliegen lassen, vergewissern Sie sich bitte, um was genau es sich handelt. Vor zwei Jahren hat eine Lehrkraft das Überfallkommando, zwei Streifenwagen und einen Geistlichen für einen Jungen alarmiert, nur weil der zwei Pfefferminzbonbons gegen schlechten Mundgeruch genommen hatte.

Selbstverständlich können Sie tanzen, wenn Sie wollen, aber vergessen Sie nicht, daß derzeit im Disco-Stil getanzt wird, und wenn Sie keinen Schlachtplan für den Rückzug ausgearbeitet haben, könnten Sie zu Schaden kommen.

Noch ein Wort zum Schluß: Woran merken Sie, daß

der Ball zu Ende ist? Erstens werden Ihnen die Ohren klingeln, nachdem die Kapelle längst weg ist, und Ihre Augen aufhören von den vielen Anti-Akne-Wässern zu brennen. Zweitens wird Ihr Wagen als einziger noch auf dem Parkplatz stehen. Das heißt, wenn Sie Glück haben.«

Ich persönlich fand eigentlich, daß Mrs. Bitterly etwas zu schwarz malte. Bis auf die Kleinigkeit, daß ich noch zwei Tage nach dem Ball dauernd den Hörer abhob, obwohl das Telefon gar nicht geklingelt hatte, überstand ich es gut. Die Kinder schienen sich auch amüsiert zu haben.

Vielleicht war es mein Erfolg auf der Tanzerei, der mir den nötigen Mut gab: Ich fragte meinen Sohn, wie er sich seine Zukunft vorstellte.

»Ich hab' mich schon mal orientiert«, sagte er. Auf seinem Schreibtisch lagen die Kataloge sämtlicher denkbaren Colleges, alle mit mir unbekannten Namen. In einigen blätterte ich: Diablo-Karateschule, Elektronik und Stereoinstallation, College für Transzendentales Kegeln.

»Kommen die denn ernstlich für dich in Frage?«

»Ich habe schon viele streichen müssen«, sagte er. »Besonders die hinter dem Eisernen Vorhang. Deren Football-Mannschaften sind unter jeder Kritik.«

»Weißt du, wir könnten uns doch eine Art Urlaub daraus machen, du, dein Vater und ich, und uns einige ansehen.«

Urlaub? Ich habe auf der Intensiv-Station schon angenehmere Tage verbracht.

Das erste College war »out«, weil es bis zum Skigebiet 30 km waren.

Das zweite war »out«, weil das dortige Footballteam voriges Jahr sechs Spiele hintereinander verloren hatte.

Das dritte war »out«, weil dort nach einem System benotet wurde.

Das vierte, das wir besichtigten, fand er himmlisch. Die Räume glichen Zellen mit schimmligen Wänden. Ein Mädchen im Bademantel führte ihren Hund auf dem Korridor spazieren. Irgendwo briet jemand verbotenerweise Würstchen.

»Wieviel Waschmaschinen haben Sie?« fragte ich. Im ganzen Zimmer wurde es mäuschenstill.

»Wann ist Sperrstunde, zu der man abends zu Hause sein muß?«

Diesmal wurde es im ganzen College mäuschenstill.

»Wo ist Ihre Hausmutter?«

Da wurde es im ganzen Bundesstaat totenstill.

Nein, nein, es war kein schuldbewußtes Schweigen. Sie lachten sich innerlich krumm und schief.

Über die zwischenmenschlichen Beziehungen konnte ich ebenfalls nur den Kopf schütteln. »Schlafnachbar« hatte einen ganz anderen Beiklang als früher »Freund« oder »Kamerad« oder – wie ein Freund meiner Tochter den ledigen Vater auf einer Geburtsurkunde bezeichnete – »Bezugstyp.«

Ich erinnere mich an die Hochzeit der Tochter von

Bekannten. Die Braut trug nach altem abergläubischem Brauch etwas Altes, etwas Geborgtes, etwas Blaues: ein paar alter Jeans. Sie hatte ihren Mann kennengelernt, als er mit ihrer Freundin zusammenlebte. Ich weiß noch, daß die Orgel ein Kirchenlied spielte, das mir wehmütig vertraut war. Erst konnte ich es nicht recht einordnen. Während die beiden das Jawort sprachen, fiel es mir ein: »Noch sind die Tage der Rosen . . .«

Als ich das nächste Mal in die Leihbücherei ging, fragte ich nach einem modernen Benimmbuch, und die Bibliothekarin empfahl mir das zeitgemäße Werk: SO ODER SO KÖNNTE ES KLAPPEN.

Beim Überfliegen des Inhaltsverzeichnisses stellte ich fest, daß sich einiges geändert hatte seit den Tagen, als Amy Vanderbilt empfahl, bis zur öffentlichen Bekanntgabe einer Verlobung beim Händedruck die Handschuhe anzubehalten.

Ein Kapitel beschäftigte sich mit dem Rendezvous: Wie lange darf ein junger Mann, der sich vollständig anzieht, ein Mädchen warten lassen?

Hochzeiten: Was tun, wenn der Bräutigam noch verheiratet ist?

Gast und Gastgeber: Bei welchen Anlässen trägt man die Schuhe an den Füßen, bei welchen in der Hand.

Körperpflege: Die sechs großen Anlässe im Leben, zu denen man sich die Unterschenkel rasiert.

Logierbesuch: Wie erklärt man seiner 65jährigen Mutter, die den Boyfriend auf einen ausziehbaren

Fernsehsessel betten will, was eine »feste Beziehung« ist.

Stellung suchen und andere Widrigkeiten.

Personen miteinander bekannt machen: Wie erklärt man der Lehrerin der vierten Grundschulklasse, daß man zwei Sorten Söhne im gleichen Alter hat, die durch Scheidung zusammengehören.

Selbstverständlich sind die Kinder heutzutage anders als früher. Die meisten sind während der Werbeeinschaltungen beim Spätkrimi gezeugt, nach allen nur denkbaren Regeln neuer Erziehungssysteme behandelt, groß geworden während weltweiter gesellschaftlicher Umbrüche, gefüttert mit einer Kost aus Sex, Gewalt, Realismus und Unabhängigkeit.

Wer hätte es für möglich gehalten, daß ich mit meinem Sohn, einem Oberschüler, im Kino sitzen könnte und er sich, wenn der Sex auf der Leinwand atembeklemmend wurde, zu mir neigen und sagen würde: »Mom, hol dir draußen noch etwas Popcorn, ja?«

Das hatte früher ich gesagt, wenn er fragte, welcher von den sieben Zwergen denn nun mit Schneewittchen verheiratet sei.

Wer hätte es für möglich gehalten, daß einem die Kinder nach 25 Jahren Vitaminen, Spritzen und regelmäßiger ärztlicher Kontrollen vorwerfen würden, man habe sie mit gebleichtem Mehl, Rohrzucker, Butterfett und schädlichen Zusätzen vergiftet? Daß sie im Kreis um uns herumsitzen und in allen Einzelheiten schildern, wie Würstchen hergestellt werden?

Als ich das Buch diagonal gelesen hatte, gewöhnte ich mir eine ganz neue Art und Weise an. Wann immer mein Sohn mir schockierende Mitteilungen machte, reagierte ich darauf mit »Im Ernst?« oder »Haut schon hin«, oder »Mensch, Spitze.«

Nichts konnte mich mehr erschüttern. Erzählte er mir einen besonders ekelerregenden Film, rief ich aus: »Nix wie hin!« Legte er eine Platte mit einer Lautstärke von 97 Dezibel auf, überschrie ich den Lärm: »Kannst du das nicht ein bißchen mehr aufdrehen, ich hör' den Text so gern.«

Erzählte er mir, er habe heute die Schule geschwänzt, atmete ich tief ein und sagte: »Da bist du sicher nicht der einzige.«

Schließlich, eines schönen Tages, teilte er mir mit, daß er nicht gedenke, sich einen Sommerjob zu suchen. Er brauche Zeit, sich über seine Gefühle klarzuwerden und herauszufinden, woher er komme. Da verwandelte ich mich vor seinen Augen in einen sogenannten Erziehungsberechtigten.

»Woher du kommst, weiß ich zwar nicht«, rief ich laut. »Aber wohin du gehst. Nämlich nicht an die gleiche Stelle wie vorigen Sommer – wo du beim ersten Mittagsdämmern aufgestanden bist. Wann immer ich deine Laken ausschüttelte – da warst du! Jedesmal, wenn ich am Fernseher vorbeiging – da warst du! Jedesmal, wenn ich dem Lichtstrahl aus der Kühlschranktür folgte, warst du am anderen Ende. – Damit du klarsiehst, mein lieber Peter Pan – du suchst dir dieses Jahr einen Job! Sag es mal ganz langsam vor dich hin, laß es auf der Zunge zergehen, dann gewöhnst du dich leichter daran: Job. J – o – b. Ein altmodischer Ausdruck des Establishments. Er bedeutet, stolz auf sich sein können, etwas schaffen, sich ins Zeug legen, einen Grund haben, morgens aufzustehen und abends müde genug sein, um herrlich zu schlafen.

Für jemand, der den Materialismus verteufelt, benötigst du eine ganze Menge Materielles. Für jemand, der gegen Umweltverschmutzung wettert, wirfst du ganz schön viel Papier auf die Straße. Für jemand, der Pazifist ist, verstehst du es prima, Familienfehden anzuzetteln. Also lupfe morgen mal deinen Hintern, und such dir einen Job!«

Mein Sohn schwieg eine volle Minute lang. Dann lächelte er und schüttelte den Kopf. Schließlich ließ er hören: »Reden kannst du, das muß man dir lassen!«

»Was soll das nun wieder für eine kesse Bemerkung sein?«

»Ich meine, bis jetzt hast du mich immer nur angeschaut und stirnrunzelnd geseufzt. Ich hab' nie gewußt, was genau du dir dabei denkst. Mir war nur mies.«

»Und jetzt ist dir nicht mehr mies?«

»Doch, aber jetzt weiß ich, warum. Vorher wußte ich es nie.«

»Dann hat Jim Preach wohl doch recht.«

»Ackerst du immer noch in diesen vielen Lebenshilfen herum?«

»Du brauchst nicht die Nase darüber zu rümpfen. Ich beiß' mich schon noch durch.«

»Weißt du, was dich nervt«, sagte mein Sohn. »Daß du dir viel zuviel Mühe gibst. Du willst es immer schaffen. Der alte Quatsch. Als ich jünger war, glaubte ich auch immer, ich müsse es unbedingt schaffen. Muß man gar nicht. Nur nicht anstrengen. Einfach entspannen und ganz langsam kommen lassen. Das Leben nehmen, wie es ist. Das Wichtigste, woran du immer denken mußt: Sei einfach ganz du selber.«

Ein paar Stunden später drängte er sich an mir vorbei in die Küche. Er trug die Tennis-Shorts seines Vaters, ein T-Shirt aus dem Fundbüro seiner Schule und hatte den Tennisschläger seines Bruders in der Hand. Er griff nach meinen Autoschlüsseln, die auf dem Küchentisch lagen, schob sie ein und zwinkerte zum Abschied mit einem Auge: »Denk dran, was ich gesagt habe: sei ganz du selber.«

Hurra, ich gefalle mir wieder

 Es war nun volle drei Monate her, seit ich das erstemal das Lebenshilfebuch zur Hand genommen hatte.

Viele Bekannte hörten ganz allmählich auf, welche zu lesen. Ich aber wußte, wenn ich sie mir abgewöhnen wollte, mußte es mit einem Ruck geschehen. Danach mußte ich eben zusehen, wie ich weiterkam.

Leicht war es nicht. Mich umgaben Leser von Leitfäden zur Lebensbewältigung, die darauf brannten, mir ihre Konvolute noch zusätzlich aufzudrängen. Eines Abends kam dann der erste große Test für mich.

Wir gingen auf eine Cocktailparty bei Jill. Mein Mann haßt Cocktailparties. Er sagt, die Leute tränken immer zuviel, und eine Unterhaltung mit ihnen sei wie ein Stopp an der Verkehrsampel: Ein rotes Auge blinzelt einem zu, und fünf Sekunden später prescht alles auf und davon.

Ich aber wandelte wie auf Wolken. Zur Fastenzeit wollte sich meine Tochter das Fernsehen abgewöhnen. Mein ältester Sohn hatte sich den Bart abrasiert und sah nicht mehr aus wie eine Gedenkmünze für Abraham Lincoln. Heute war von unserem jüngeren Sohn aus dem College ein Brief eingetroffen. (Er schrieb Mom mit zwei o, aber schließlich war er erst im ersten Semester.)

Die ganze Familie freute sich, daß ich nicht mehr an mir arbeitete, um ein besserer Mensch zu werden, sondern zu meinen alten Untugenden zurückgekehrt war. Ich liebte nicht nur meinen Nächsten wie mich selbst, sondern sogar noch mehr, war völlig unsicher in meinem Job und hatte keinen blassen Dunst, was ich fühlte und wenn ja, warum.

Naturgemäß waren nach Absetzen der Selbsthilfe-bücher gewisse Entzugserscheinungen bei mir aufge-treten. Aber das hatte ich vorher gewußt. Eines Tages zahlte ich eben an der Kasse im Supermarkt, da fiel mir gleich neben dem Packtisch eine Schlagzeile ins Auge. »ES IST ELF UHR. WISSEN SIE, WO IHRE ÄNGSTE SIND?«

Mir wurden die Hände naß, die Kehle trocken, und instinktiv wühlte ich in der Handtasche nach meiner Brille. Mein Mann kam gerade noch rechtzeitig dazu, führte mich zum Ausgang und sagte: »Du brauchst einen Drink.«

Es war sonderbar, jetzt mitten in Jills Wohnzimmer zu stehen. Ich mußte daran denken, daß hier alles begonnen hatte.

Eine Stimme an meinem Ellbogen unterbrach meine Gedanken.

»Hallo, wie wär's mit einem Cocktail?«

Es war Phyllis.

»Aber gewiß doch«, lächelte ich.

»Und dazu eine Käsestange?«

»Ja, gern.«

»Und wie wär's mit dem Buch »Wie bewältigen Sie Ihr Biofeedback bei Vollmond?«

»Adieu, Phyllis!«

»He, warte«, rief sie. »Sogar der Papst ist für Biorhythmus.«

»Mir egal, ob es im Moment der große Schlager ist. Mir kommen keine weiteren Selbsthilfebücher ins Haus.« »Während du dastehst und redest«, sagte Phyllis, »werden deine Frustrationen, Spannungen und inneren Konflikte zu spezifischen Geschehnissen innerhalb deines Körpers umgesetzt.«

»Ich muß dich leider verlassen, Phyllis, und es wird sehr blöd aussehen, wenn du dastehst und Selbstgespräche hältst.«

»Verhüte Gott, daß dein Biorhythmus unsynchron wird, so was kommt nämlich vor. Vielleicht ist gerade heute einer deiner kritischen Tage, und da besteht immerhin die Möglichkeit, daß dir was ganz Dummes in die Quere kommt.«

»Eben dem sage ich ja gerade adieu.«

»Wieso bist du denn so sauer?« bohrte Phyllis weiter.

»Weil mein Leben aus dem Lot gekommen ist, seit du mich auf DIE UNVOLLKOMMENE FRAU angesetzt hast.«

»Dann stimmt es also: Du hast Eheprobleme.«

Rita, die unser Gespräch mit angehört hatte, warf ein: »Hör mal, Schatz, Dan und ich schwören auf den Nahkampf-Club in Massage Village, ca. 70 km nördlich von hier. Ein wundervolles, ganz neues Partnererlebnis. Und Garderobe und so kannst du vergessen, wenn du weißt, was ich meine.«

»Nein, wirklich, Rita, unsere Ehe geht prima. Die Kinder sind alle außer Haus und . . .«

»Wenn ich dich richtig verstehe, hast du das Trauma des leeren Nests«, meinte Natalie. »Manche schaffen den Übergang mühelos. Aber gerade du mußt sehr aufpassen. Du bist der mütterliche Typ. Das haben wir doch immer schon gewußt. Dich haben deine Kinder vollständig ausgefüllt. Und die ulkigen Kuchen, die du ihnen immer zum Geburtstag gebakken hast . . . und die Rolle Stoff, aus der du sie alle gleich angezogen hast, wie Tapeten . . . und an deinem Haus hing, so lange ich denken kann, immer das Schild: JUNGE KATZEN GRATIS ABZUGEBEN! Hast du das Buch gelesen DAS NEST DER TRÄNEN. MEIN KIND LEHNT MICH AB, WAS TUN?«

»Natalie, hör zu: Ich fühle mich nicht abgelehnt. In meinem Alter muß man schließlich damit rechnen . . .«

»Hör sie dir an«, sagte Marcia. »In ihrem Alter . . . wenn ich so was schon höre! Ich habe ein Plätzchenblech, das älter ist als du. Sei doch nicht so verunsichert. Du bist doch noch ganz ansehnlich. Was du brauchst, ist AUSSEHEN WIE EIN FILMSTAR FÜRS HALBE GELD, dann ist die Sache geritzt.«

Ich nahm das Buch WIE BEWÄLTIGEN SIE IHREN BIOFEEDBACK BEI VOLLMOND in die Hand und betastete den Umschlag. Ich fühlte, wie mir der Schweiß ausbrach. Meine Hände zitterten. Würde ich es aushalten, das alles noch einmal durchzumachen? Hatte sich meine Erhebung in eine höhere Bewußtseinsebene nicht anfangs so unmerklich vollzogen, daß ich mir eingeredet hatte, jederzeit aufhören zu können, wenn ich wollte?

Hatte ich nicht gelogen bei der Zahl von Selbsthilfebüchern, die ich pro Tag las?

Hatte ich nicht Ausreden gebraucht, um am Frühstückstisch noch schnell ein paar Seiten aus WIE WERDE ICH REICH UNTER EINER DEMOKRATISCHEN REGIERUNG zu lesen, ehe ich mich an meine Tagesarbeit begab?

War es nicht ein schlimmer Tag gewesen, als mein Mann ICH UNTERDRÜCKE DEN URSCHREI in meiner Strumpfschublade fand?

War es nicht ein gräßlicher Abend gewesen, als ich mich beim Lesen übernommen hatte, am Eßtisch aus PERVERSIONEN ALS HOBBY zitierte und meine Familie sich meiner schämte?

Und das alles wollte ich noch einmal durchmachen?

Ich reichte Phyllis das Buch zurück. »Vielen Dank. Ich meine, nein danke. Von jetzt ab will ich ganz ich selber sein.«

»Mach keine Witze«, sagte Marcia. »Ohne fremde Hilfe?«

»Jawohl. Genau.«

»Damit schwimmst du aber gegen den Strom«, meinte Natalie. »Kein Mensch ist heutzutage ›ganz er selber‹. Das genügt nicht mehr. Jeder befindet sich in irgendeinem Übergangsstadium.«

»Du bist durchschaut, geh in dich und schäme dich«, zischte Phyllis. »Das ist freilich leicht, einfach dasitzen und geschehen lassen. Aber dabei fehlt das Wesentliche! Wie kannst du glücklich sein, wenn du nicht unzufrieden bist?«

In einem Punkt hatte Natalie recht. Ich gehörte nicht mehr so recht dazu. Man gab Farben-Parties, alle Nachbarinnen gingen hin, ließen sich analysieren und die Farben nennen, in die sie sich kleiden, mit denen sie ihre Wohnungen dekorieren sollten. Ich wurde nicht eingeladen. Im Rathaus fand eine Diskussion darüber statt, wie man eine Jam-Session übersteht, indem man rezeptfreie Beruhigungsmittel schluckt. Ich wurde nicht eingeladen. Phyllis gab sogar eine Party für alle Hunde, die unter dem Tierkreiszeichen der Zwillinge geboren waren. Mein Hund war der einzige Zwilling des Häuserblocks, der nicht eingeladen wurde.

Ich sah keine meiner Bekannten wieder, bis ich eines Tages in der Bücherabteilung aufsah und Phyllis erblickte.

Sie hielt ein Buch in der Hand. Es hieß ICH SCHENK

MIR TÄGLICH ROTE ROSEN. Sie schien überrascht, mich zu sehen.

»Na, wie geht's denn so, Madame Musterhaft? Wirst du noch immer allein mit deinen Angstschüben fertig, ja? Bekämpfst deine Geburts-Traumata und behandelst deine Neurosen aus dem Medizinschränkchen?«

»Mir geht es ausgezeichnet«, sagte ich lächelnd.

»Dann ist es sicher reine Zeitverschwendung, wenn ich dich darauf aufmerksam mache, daß dieses neue Buch die scharfsinnigsten Einblicke in das Unbewußte vermittelt? Daß es lehrt, wie der Mensch durch gewissenhafte Selbstanalyse Zufriedenheit erlangt – ohne viele inneren Konflikte und diesen ganzen mythologischen Kram? Es empfiehlt und fördert ein völlig neues Lebenskonzept.«

»Anders ausgedrückt: Sei ganz du selber. Stimmt's?« Phyllis sah mich erstaunt an. »Stimmt genau. Hast du es gelesen?«

Ich lächelte ihr zu. »Meine liebe Phyllis«, sagte ich. »Ich habe es geschrieben.«

Epilog

Das Streben nach Glück. Unsere Vorfahren haben nicht gewußt, was sie uns antaten, als sie die Unabhängigkeitserklärung verfaßten! Leben und Freiheit sind Nebensächlichkeiten verglichen mit dem Streben nach Glück. Dem vorliegenden Buch habe ich ein Jahr lang nachgelebt und nicht gewußt, wie todunglücklich ich eigentlich bin, ehe ich nicht untersucht hatte, warum ich denn glücklich bin. Zugegeben, ich war gelangweilt, deprimiert, neurotisch, verhemmt und unbefriedigt, aber ich dachte immer: Na ja, niemand ist vollkommen. In diesem letzten Jahr aber habe ich die Midlife-Krise überstanden, meinen inneren Frieden gefunden, äußerlich schwabbelndes Fett bekämpft, meine Phantasien durchleuchtet, meine Kaufmotivationen geprüft, meine Ehe seziert, meine Sternzeichen astrologisch bestimmt und bin meine beste und einzige Freundin gewesen. Ich habe Ordnung in mein Leben gebracht, meditiert, meine Schuldgefühle abgebaut, mich der neuen Moral angepaßt und so manche Stunde des Tages damit vertan, mich zu verstehen, zu deuten, zu lieben. Wissen Sie, was? Ich finde mich stinklangweilig. Wenn es nach mir ginge, hörte ich nie wieder ein Wort über mich.

Ich bin auf mich auch gar nicht mehr neugierig. Ich empfinde kein Bedürfnis mehr, ein besserer Mensch zu werden. Ich habe nicht einmal mehr die nötige Geduld, herauszuklamüsern, was ich empfinde.

Wenn ich Wörter wie *Input*, *Konzept* und *Feedback* nie mehr im Leben höre, ist es mir nur zu recht.

Und wenn ich noch einmal *Gemeinschaftserfahrung* oder *Lebensphase* sage, verdorrt mir hoffentlich die Zunge. Nach einem Jahr der Lektüre von 62 Selbsthilfebüchern und Artikeln bin ich auf etwas sehr Interessantes gekommen. Man findet das Glück gar nicht. Das Glück findet einen. Ist jemand verheiratet, hält man ihn für glücklicher als die anderen, die es nicht sind. Kann jemand sich sein Leben einrichten, wie es ihm paßt, und hat er die nötigen Mittel dazu, hält man ihn für glücklicher als andere. Liebt jemand und wird wiedergeliebt, hält man ihn für glücklicher als andere. Finanzielle Sicherheit hilft natürlich auch, glücklicher zu machen.

Aber ich habe noch etwas entdeckt. Es ist nicht mehr gestattet, deprimiert zu sein, so wenig wie man altern darf. Schon jetzt fragen manche, was aus all den alten Leuten geworden ist. Sie sind in den Untergrund gegangen, weil wir in einer Zeit leben, in der man aus Synthetik gemacht sein muß: pflegeleicht und faltenfrei.

Wenn deine Hände so jung aussehen wie die deiner verheirateten Tochter, wird dich sofort eine Werbefirma engagieren. Wenn du siebzig bist und noch ein paar Steppschritte beherrschst, wird man dich in einer Show auftreten lassen. Wenn du den Bürgerkrieg erlebt hast und noch ein Fähnchen schwenken kannst, wird man dir begeistert huldigen.

Aber das Syndrom »Seid gefälligst alle glücklich« ist auch schlimm. Wie habe ich die Tage der Verzweiflung genossen, an denen ich in himmlischem Selbstmitleid badete, ja fast darin ertrank. Die schwarzen Tage des Unglücks, an denen mich kein Mensch anerkannte, ich überarbeitet und unterbezahlt war und Schrunden an den Fersen hatte, weil ich im Winter nie Socken trug. Ich kriegte es von allen Seiten! Mein Haar hatte keine Naturwelle. Der Heißwasserboiler rostete. Die besten Freunde meines Mannes wurden alle befördert. Mein Kind ließ eine Schreibmaschine fallen, die der Schule gehörte. Jemand fragte, ob mein Jüngster mein Enkel sei. An dem Morgen, als ich Fahrdienst hatte, war die Wagentür zugefroren.

Vielleicht wußte ich wegen solcher Tage die anderen um so mehr zu schätzen, an denen mein Frauenarzt mir mitteilte, ich hätte nur eine Grippe, und der Trockenschleuder nur eine Sicherung für 15 Cent fehlte. Dieses Buch will nicht alle Anleitungen zur Selbsthilfe abwerten. Es will nur aufzeigen, wie absurd es ist, 12 Dollar 95 für ein Kochbuch auszugeben, das einem beibringen will, wie man Geld spart. Es will beweisen, wie albern es ist, ein Buch über Schuldkomplexe zu lesen, das einem droht: »Wenn du das nicht liest, wirst du es Zeit deines Lebens bereuen.« Es nimmt nur diejenigen Bücher aufs Korn, die einem 362 Seiten lang einreden: »Hören Sie auf keine Ratschläge. Nehmen Sie Ihr Leben selbst in die Hand.«

Nach Lektüre von 62 Büchern und Artikeln über den Umgang mit mir selbst ist mir klargeworden, daß ihnen allen etwas fehlt, nämlich Humor. Ich kann nicht glauben, daß Menschen in den Spiegel ihres Tuns und Lassens blicken und dabei ernst bleiben können.

In Gail Sheehy's *Neue Wege wagen* steht ein Absatz, in dem für mich all das zusammengefaßt ist, was wir beim Streben nach dem Glück falsch machen.

»Es sollte eine Belohnung für diejenigen geben, die begreifen, was ›genug‹ eigentlich bedeutet. Gut genug. Erfolgreich genug. Schlank genug. Reich genug. Sozial verantwortungsbewußt genug. Hat man Selbstachtung, hat man genug, und hat man genug, hat man auch Selbstachtung.«

ICH SCHENK' MIR TÄGLICH ROTE ROSEN verwirklicht ein paar meiner Wunschträume. Ich wollte immer eine Autorität sein, ganz gleich, auf welchem Gebiet. Jahrelang habe ich zuschauen müssen, wie Ratgeber, Briefkastentanten und Schönheitsköniginnen die Probleme des Lebens in den Griff bekamen.

Nach einjähriger Forschungsarbeit wurde mir klar: Dieses ist das einzige Fachbuch, das zu schreiben ich genügend Erfahrung hatte. Meine Mutter hat mir in ihrer grenzenlosen Weisheit noch einen wichtigen Satz mitgegeben. Nach monatelanger Selbsterforschung, nach Besserungsstreben und der Jagd nach dem Glück sagte sie: »Ich werde froh sein, wenn du erst in die Wechseljahre kommst. Das wird dich von deinen Problemen ablenken.«